el camino a seguir

también de yung pueblo

hacia dentro
claridad y conexión
ligereza

el camino
a seguir

yung pueblo

traducción: estela peña molatore

Grijalbo

El papel utilizado para la impresión de este libro ha sido fabricado a partir de madera procedente de bosques y plantaciones gestionadas con los más altos estándares ambientales, garantizando una explotación de los recursos sostenible con el medio ambiente y beneficiosa para las personas.

el camino a seguir

Título original: *the way forward*

Primera edición: mayo, 2025

D. R. © 2023, Diego Perez Lacera
Publicado mediante acuerdo con RDC Agencia Literaria S.L.

D. R. © 2025, derechos de edición mundiales en lengua castellana:
Penguin Random House Grupo Editorial, S. A. de C. V.
Blvd. Miguel de Cervantes Saavedra núm. 301, 1er piso,
colonia Granada, alcaldía Miguel Hidalgo, C. P. 11520,
Ciudad de México

penguinlibros.com

D. R. © 2025, Estela Peña Molatore, por la traducción

Penguin Random House Grupo Editorial apoya la protección del *copyright*.
El *copyright* estimula la creatividad, defiende la diversidad en el ámbito de las ideas y el conocimiento, promueve la libre expresión y favorece una cultura viva. Gracias por comprar una edición autorizada de este libro y por respetar las leyes del Derecho de Autor y *copyright*. Al hacerlo está respaldando a los autores y permitiendo que PRHGE continúe publicando libros para todos los lectores.

Se reafirma y advierte que se encuentran reservados todos los derechos de autor y conexos sobre este libro y cualquiera de sus contenidos pertenecientes a PRHGE. Por lo que queda prohibido cualquier uso, reproducción, extracción, recopilación, procesamiento, transformación y/o explotación, sea total o parcial, ya en el pasado, ya en el presente o en el futuro, con fines de entrenamiento de cualquier clase de inteligencia artificial, minería de datos y textos, y en general, cualquier fin de desarrollo o comercialización de sistemas, herramientas o tecnologías de inteligencia artificial, incluyendo pero no limitado a la generación de obras derivadas o contenidos basados total o parcialmente en este libro y cualquiera de sus partes pertenecientes a PRHGE. Cualquier acto de los aquí descritos o cualquier otro similar, así como la distribución de ejemplares mediante alquiler o préstamo público, está sujeto a la celebración de una licencia. Realizar cualquiera de esas conductas sin licencia puede resultar en el ejercicio de acciones jurídicas.

Si necesita fotocopiar o escanear algún fragmento de esta obra diríjase a CeMPro (Centro Mexicano de Protección y Fomento de los Derechos de Autor, https://cempro.org.mx).

ISBN: 978-607-385-834-2

Impreso en México – *Printed in Mexico*

Contenido

existir 11
emerger 65
juntos 109
dirección 155
confianza 191

sé sincero contigo mismo
sobre hacia dónde te diriges

cómo quieres sentirte
mientras vas hacia allá

y quién quieres ser
cuando llegues

cada momento es un destino,
una apertura, un espacio para crecer

el objetivo final no debe distraerte
de dar cada paso con intención

estás viendo los resultados de tu compromiso
y el poder de tu valor;
la *ligereza* que sientes en tu mente
te muestra que vas en la dirección correcta

estás entrando en una mejor vida
donde tus reacciones son menos intensas
y tu mente es más flexible y determinada

no todo es perfecto;
aún hay retos y tiempos difíciles
pero estás aprendiendo a que esos malos momentos no te definan
y fluyes con gracia al abrazar el cambio

el viaje *hacia dentro* impulsa tu evolución
abre tu perspectiva a un nuevo nivel de *claridad*
y cada *conexión* que aprecias tiene una nueva profundidad

pero el viaje no ha terminado
prepárate para una nueva etapa de crecimiento
con tus más altas metas en mente y la verdad que sientes;
tu sabiduría interna te mostrará *el camino a seguir*

existir

el camino a seguir

hay momentos en los que todo lo que puedes hacer es sobrevivir
momentos en los que crecer no parece siquiera una opción
y la sanación se siente a cientos de kilómetros de distancia

el trauma y las viejas heridas pueden pesar tanto
que lo único que puedes hacer es intentar mantenerte a flote,
para resistir un día más

si existir requiere cada gramo de tu energía,
eso por sí mismo es un trabajo heroico

quienes han renacido
tras casi ahogarse en un trauma
no reciben suficiente crédito

aunque el dolor
era inmenso
no se estancaron
ni se llenaron de amargura

sabían que la única vía de salida
era el camino de la sanación
y lo usaron para empezar una nueva vida

el camino a seguir

verdad impopular:

a veces lo que está hecho para ti
te dará miedo, te parecerá arriesgado y nuevo

la tranquilidad y la calma no siempre significan
que estás avanzando en la dirección correcta

a menudo mayores recompensas vienen
por tener las agallas y la perseverancia
de crear tu propio camino

pensé que el trauma me había roto
pero en realidad le dio dirección a mi vida

la toxicidad me hizo
abrazar la comunicación y la honestidad

la manipulación me hizo
realinearme con mi propio poder

el narcisismo me mostró
que el desprendimiento es necesario

el caos me enseñó
a construir límites

el dolor me mostró
que la sanación y el renacimiento son posibles

la magia sucede cuando aceptas
que no puedes controlar
las emociones o experiencias de los demás

es cuando empiezas a vivir
tu vida más auténtica

algunas personas no te "entenderán",
pero lo que importa es que *tú* te entiendas

sé amable,
ayuda a los demás,
y no olvides vivir para ti

es normal sentirse deprimido, cansado
y agotado emocionalmente cuando
estás atravesando una gran transición

en especial cuando debes dejar ir
algo bueno por la oportunidad
de algo mejor

no se supone que los grandes cambios sean fáciles;
surgen para inspirar tu crecimiento

madurez es darte cuenta de que la mitad
de lo que quieres decir no es necesario decirla

ser capaz de ver la diferencia
entre las reacciones del ego
y los aspectos positivos que pueden elevar la armonía
o reafirmar tus valores
hace la diferencia

"expresar tu verdad"
no significa
"expresar tu ego"

la vida te distraerá
y arrastrará tus sentidos
en distintas direcciones

pero dentro de ti hay una brújula clara
que apunta implacablemente hacia
la libertad que has estado buscando

no la libertad insatisfactoria del exceso
o de la falta de responsabilidad

la verdadera libertad viene de
conocer tu mente y tu cuerpo tan a fondo
que la sabiduría se te revele

abraza el silencio
no luches contra lo que surge
acepta las olas del cambio
y que la introspección desvele verdad tras verdad

hasta que finalmente experimentes una liberación innegable

9 cosas que encierran un gran poder:

descanso
amabilidad
meditación
vulnerabilidad
sanarte a ti mismo
ser honesto con los demás
abrazar el crecimiento permanente
fomentar conexiones profundas
dar sin esperar nada a cambio

solo pesa
porque decides
una y otra vez
cargarlo

abrazar el cambio,
soltar tu sentido de identidad,
te permite recorrer un nuevo camino

no tienes que ignorar
o borrar el pasado,
solo tienes que abrazar de todo corazón
el presente y seguir adelante

el camino a seguir

la madurez emocional no consiste
en estar por encima de las emociones

se trata de poder hacer las paces
con la crudeza de cada sentimiento
sin dejar que se apodere
de tu mente y tus acciones

se trata de enfrentar las tormentas
sin que se las lleve el viento

me perdí mientras intentaba sobrevivir

mi mente estaba ocupada luchando contra sí misma
mi energía se centraba en actuar como si yo fuera estable
mi corazón se sentía obstruido por viejos dolores

la lucha continuó hasta que me di cuenta
de que habitar en el pasado
nunca cambiaría lo que pasó

poco a poco mi atención se desplazó al presente
aceptarme me devolvió parte de mi energía

empecé a labrar un nuevo camino
uno que llevaría a cosas mejores

en el camino encontré
las partes de mí que había perdido

mientras me ocupaba en construir
una vida que apoyara mi paz mental,
la sanación me dio una lección reveladora:
para seguir avanzando solo necesito
tratarme a mí mismo y a los demás
con gentileza y honestidad

el amor es mucho más grande que las relaciones

el amor es la forma en que te sanas a ti mismo,
la bondad que das a los demás,
la gentileza que te das a ti mismo en tiempos turbulentos,
el espacio que guardas para los amigos íntimos,
la intención con la que vives el presente,
y la energía que cambia el mundo

el amor es cada momento que eleva la experiencia humana
y todas las pequeñas cosas que hacen que la vida brille

controla tus reacciones
pero no reprimas tus emociones

el camino a seguir

aun después de que el amor se había ido
nos aferramos el uno al otro

porque queríamos evitar
el aguijón de la angustia
y el duro trabajo
de reconstruir nuestras vidas

dejamos que se alargara tanto
que el tiempo se estancó
y los colores perdieron su brillo

el desencuentro era evidente
la lucha agotadora
la paciencia se sentía desbordada

hasta que llegó el día
en que era el momento de afrontar el dolor

las lágrimas corrían libres
la pena era como una explosión
por fin se cerraba un capítulo importante

igual que una estrella explota en grandeza
nuestra despedida produjo la energía para empezar de nuevo

fue necesaria esta gran pérdida
para que ambos nos sintiéramos
por completo revitalizados

la señal de alerta más clara
es si constantemente
ellos sacan lo peor de ti

la dura verdad
es que una conexión
no te eleva en automático

a veces agrava
las partes más ásperas de tu antiguo condicionamiento
y saca a la superficie las cosas
de forma poco saludable

el camino a seguir

cuando alguien no sabe
procesar su propia tensión,
la proyecta sobre cualquiera
que esté cerca

es más fácil culpar a los demás
que verse a uno mismo con claridad

la proximidad genera tensiones
porque los egos son ásperos

la fricción entre egos
enciende discusiones innecesarias

no dejes que la tormenta limite lo que puedes ver. la luz está destinada a aparecer de nuevo, en especial porque puedes cambiar las cosas. estos fuertes sentimientos no son más que una breve nota en la historia de tu vida. es fácil olvidar la profundidad de tu poder cuando todo se siente doloroso. ya has superado mucho para llegar a donde estás. los momentos difíciles son comunes antes de una gran victoria.

apóyate en el hecho de que eres más que un sobreviviente. eres más que tu pasado. eres más que lo que duele. los viejos hábitos no te definen. eres un héroe que está listo para emerger. tu transformación inspirará a otros a hacer necesarias las cosas difíciles para prosperar. aunque este momento sea una lucha, siempre puedes volver a empezar.

el camino a seguir

solía ver mi pasado como un obstáculo

todos los errores que he cometido
todas las relaciones fallidas
todo el dolor que me causaron
que nunca quise llevar

al principio quise olvidar estos recuerdos
para borrarlos del libro de mi vida

pero ahora veo que aunque mi historia empezó difícil,
eso no me impidió encontrar mi luz interior

mi tristeza fue una motivación
mi dolor se convirtió en mi maestro

si escuchas atentamente lo que te duele,
te dirá "hay una mejor manera que esta"

y todo lo que tienes que hacer es responder
"muéstrame, estoy listo"

hay que estar dispuesto a admitir
cuando se ha perdido el rumbo

es normal perder de vista lo importante,
tropezar y retroceder unos pasos

un largo viaje nunca es en línea recta

decirte con suavidad la cruda verdad
es el mejor método para realinearte
y volver al camino correcto

el camino a seguir

la intención es una de las fuerzas
más poderosas del universo

pone en marcha acciones
y les da una dirección

las palabras obtienen su energía de la intención
que ponemos en ellas

si quieres recuperar tu poder,
empieza por actuar con intención

quiero amar a todo el mundo sin juzgarlo,
sin poner a nadie en una escala de mejor o peor

ver primero lo bueno de las personas
y tratarlas con amabilidad y atención

quiero dar sin preocuparme
por lo que recibiré a cambio

quiero que mi mente se sienta cómoda
irradiando amor al mundo entero

quiero abrazarme a mí mismo con dulzura,
sin forzarme ni precipitarme

el camino a seguir

sabes que el trabajo interior
está dando sus frutos

cuando puedes ver a tu ego
tratando de enredar las cosas

pero tienes suficiente resiliencia
y conciencia

para elegir la paz en lugar del caos

sabiduría es cuando te das cuenta
de que tus emociones son pesadas
y exaltadas
antes de que otros lo hagan

te das cuenta de tu tono pasivo-agresivo
cuando está empezando
o cuando las palabras que eliges
se tornan ásperas

entonces de forma intencional
desaceleras
y te tratas a ti y a los demás con dulzura
mientras pasa la tormenta interior

el camino a seguir

recordatorio:

es difícil conectar bien con otras personas
cuando te sientes agotado y exhausto

cuando tu energía está baja,
la mente querrá regresar
al comportamiento actuado
que se presta a interacciones superficiales

se necesita energía para profundizar,
para brindar a alguien tu presencia

desconectar deliberadamente es poderoso

dejar de seguir,
desactivar las redes sociales,
y no responder a cada mensaje
puede mejorar tu salud mental.

no siempre tienes que estar en línea

la desconexión inconsciente limita las relaciones;
la desconexión deliberada te ayuda a encontrar tu centro

el camino a seguir

la próxima vez que pienses con dureza de ti mismo
o quieras forzarte a crecer,
recuerda que la única manera de avanzar
es moverte de forma orgánica.

eres naturaleza y la naturaleza no puede evitar
fluir a un ritmo genuino y sin prisas.

si en verdad quieres acelerar las cosas,
establece objetivos, camina hacia ellos sin ataduras
y alinéate en paz con las acciones
que alimentan tu armonía interior

después del tiempo de capullo, cuando estés en plena floración, aprovecha esta poderosa energía

crea lo que te pide tu intuición

para permanecer abierto a nuevas conexiones

haz los movimientos que cambiarán tu vida

haz las cosas difíciles según tu capacidad

vive la aventura

el camino a seguir

si alguien cercano a ti
intenta que actúes como él,
no te está queriendo bien

pensar que tu camino es el perfecto
es una trampa del ego que aleja a la gente

no estamos hechos para ser iguales

amar bien es apreciar
la manera de vivir del otro

a veces volvemos
a nuestra antigua vida
un rato
para recordar
que ya no encaja

el camino a seguir

cuando te fuiste, fue un golpe,
porque me dijiste que
íbamos a construir nuestras vidas juntos

ahora me quedo con medio plan
un corazón que se siente desgarrado
y los restos de recuerdos
que ya no quiero

el éxito es tan subjetivo
que si no desarrollas tu paz interior,
puedes encontrarte persiguiéndolo sin cesar

el éxito seguirá adoptando nuevas formas,
cada una más tentadora que la anterior,
siempre alejando la línea de meta

no dejes que el ansia te haga olvidar:
ya estás completo

el camino a seguir

siéntelo todo
surja lo que surja
aunque el presente duela
aunque el pasado ruja
los héroes no huyen
la sanación no se gana fácilmente

siente con sabiduría
sin dejar que lo temporal te controle
la aceptación hace posible la verdadera libertad

las viejas heridas a veces queman
cuando salen de tu ser

dejar ir puede sentirse como una enfermedad
que te deja temblando
sin abatirte por completo

la tensión que una vez estuvo en lo profundo
por fin encontró un resquicio para emerger a la superficie
y pudo evaporarse
y ya no pesa en tu mente

cuando la mente es turbulenta, es fácil abandonar el pensamiento lógico y sensato. la ansiedad y el estrés pueden crear elaboradas ficciones en tu mente. una emoción fuerte puede sumarse a cualquier pequeño fragmento de información y construir una historia absurda en torno a ella. la mente recurre pronto a la imaginación para mantener la intensa reacción.

el miedo y sus manifestaciones nos llevan a analizar de más y nos hunden en bucles mentales poco saludables que aumentan nuestra tensión. esto es común en todos los seres humanos. es un patrón reforzado por nuestra necesidad de evadir peligros potenciales, pero si no se controla, también puede sobrecargar la mente y crear comportamientos complejos que hacen la vida más difícil.

reconocer lo que se siente cuando estás en desequilibrio puede ayudarte a cortar el bucle. la conciencia es la luz que ayuda a romper los patrones de hábitos inconscientes. del mismo modo, entrenar la mente para que se sienta cómoda en el momento presente te dará la fuerza necesaria para salir de la negatividad imaginaria. si deseas empezar a vivir de una manera nueva debes sentirte cómodo dirigiendo tu atención hacia tu interior. cuando te familiarices con tus propios altibajos, te resultará más fácil ver cuándo te estás causando sufrimiento.

necesitas hacer algo más
que comer alimentos nutritivos,
practicar ejercicio y descansar para sentirte mejor

también necesitas estar rodeado de gente buena,
dedicar tiempo a sanar tu historia emocional,
vivir alineado con tus valores,
decir no a complacer a los demás,
mantenerte abierto al crecimiento,
y abrazar profundamente el cambio

el camino a seguir

darte cuenta cuando has hablado con dureza
porque estabas alterado
es en realidad un signo de progreso

antes de que puedas evitar decir cosas
de las que luego te arrepientas,
primero debes darte cuenta de que lo estás haciendo

la autoconciencia hace posible el cambio de comportamiento

tu intuición te llevará fuera de tu zona
de confort para que puedas crecer

la confusión proviene de estar desconectado de tu intuición. aprender a alinearte con lo que se siente bien, no en el sentido de seguir tus antojos sino en el sentido de avanzar hacia lo que apoya tu evolución y tu bien más elevado, es una habilidad necesaria.

hay dos cosas primordiales que hay que entender sobre la intuición. la primera es que no le importa tu zona de confort. te pedirá que seas audaz y valiente aunque no te sientas preparado. al igual que el amor, la intuición es un vehículo de crecimiento. si la escuchas, te ayudará a alcanzar nuevas metas personales. pero para llegar ahí habrás de enfrentarte a lo que te atormenta y dejarlo ir.

la segunda es que puede pedirte que te pongas en situaciones difíciles en las que tengas que enfrentar tus miedos, pero nunca te pedirá que te hagas daño. la intuición te invitará a ser valiente pero no te llevará a un callejón sin salida.

sintonizar con tu intuición es un proceso personal. para mí, la intuición se siente como un conocimiento tranquilo que aparece en mi cuerpo. si no la escucho al principio, reaparecerá de forma esporádica con una certeza serena. la intuición es suave, incluso cuando te pide que hagas movimientos audaces.

la intuición es muy diferente de las divagaciones reactivas de la mente o de los momentos de turbulencia emocional; mientras que la reactividad conlleva tensión, la intuición fluye de forma suave y constante con información que puede ayudarte.

4 maneras de permanecer alineado:

no hagas caso a la sensación de que tienes que cumplir con los demás

di no a las situaciones que consumen demasiada energía

rodéate de personas que amen tu auténtico yo

déjate guiar por tu intuición, no por tus miedos o antojos

sobre sentir

la capacidad de sentir se considera con frecuencia una carga combinada con una bendición. no solo es uno de los medios esenciales que utilizas para navegar por la vida y el mundo, sino también el lugar donde nacen tus mayores alegrías y arraigan tus penas más profundas. la angustia y la felicidad existen en extremos diferentes del mismo espectro de emociones. cómo reaccionas a lo que sientes es, a menudo, tu mayor fuente de insatisfacción y estrés. es más, tu pasado y tu presente se manifiestan a través de tu capacidad de sentir. tu condicionamiento no es solo algo intelectual; también se experimenta mediante las sensaciones que sientes en tu cuerpo. lo que sientes muchas veces pasa de ser algo que pretende informarte a algo que domina tu forma de pensar y actuar. la sanación y el crecimiento personal se basan en establecer una nueva relación con lo que sientes.

por costumbre, muchos dejan que sus sentimientos tomen decisiones por ellos. esto no siempre da los mejores resultados, porque lo que sientes a menudo dramatiza la narrativa en tu mente y te lleva a tomar grandes decisiones basadas en emociones pasajeras. cuando dejas que tus emociones más fuertes ocupen el centro del escenario, es fácil que alimentes tu propia tensión, como cuando reaccionas a tu ira con más ira, lo que hace que la tensión que sientes sea cada vez mayor. con frecuencia reaccionamos a las emociones fuertes olvidando que la siempre presente ley del cambio garantiza que lo que sentimos en este momento no durará para siempre. una tormenta puede ser poderosa, pero ninguna tormenta es interminable.

continúa

continúa

dar espacio a lo que sientes siempre es valioso porque es una parte esencial de la sanación y de dejar ir, pero si permites que tome el control, entonces será muy fácil recaer en patrones del pasado. *estar con ello es mejor que convertirse en ello.* hay un espacio sutil con el que deberías familiarizarte más, el espacio en el que reclamar tu poder es posible: el espacio en el que puedes sentir un fuego que arde dentro de ti sin añadir más combustible.

esta amplitud de mente está más a tu disposición cuando te das cuenta de que tu primera reacción no es más que tu pasado intentando recrearse a sí mismo. si no las controlas, tus reacciones te mantendrán en un bucle en el que estarás viendo tu vida presente a través de la lente de tu historia emocional pasada. si sigues dando poder a tu primer impulso, seguirás reaccionando de la misma manera en que has reaccionado en el pasado. esta forma de vivir deja poco espacio para el crecimiento y para que surja algo nuevo.

el reto al que te enfrentas es construir suficiente autoconciencia para que puedas decir no activa y repetidamente a tu pasado cuando quiera tomar el control. decir no a tu pasado no significa reprimirlo; solo significa que te permitirás sentir lo que sea que haya, pero tomas la decisión de permitir que tu yo actual siga siendo la fuerza dominante.

los días en los que dejabas que tus viejos miedos y ansiedades tomaran todas las decisiones por ti se han acabado. ha surgido un nuevo tiempo en el que estás creando pacientemente un espacio para que tu yo actual pueda decidir qué acciones te mantendrán en un camino que es verdaderamente revitalizador y liberador. es hora de dejar descansar el pasado y abrazar plenamente el presente.

el camino a seguir

tu capacidad de felicidad se expande silenciosamente
cada vez que te permites hacer las paces con tu tristeza.

cuando la oscuridad ya no te asuste,
tu mente será capaz de percibir más luz.

cada momento que pasas atendiendo tus viejas heridas
deja espacio para una nueva paz.

cada momento de perdón
te ofrece nuevas rutas directas hacia la alegría.

cuando decides permitirte sentir, desatar y soltar,
de forma natural empiezas a recibir la vida con manos más
    amables.

la búsqueda que emprendes para liberar tu corazón del pasado
eleva simultáneamente tu futuro
y mejora tu capacidad de amar.

que sientas una conexión con ellos
no significa que sean adecuados para ti

la dura verdad es que se necesita algo más
que una chispa para construir un hogar

la atracción es común,
pero encajar
como dos piezas de un rompecabezas
es raro

el camino a seguir

si algo en su energía
se siente raro o áspero,
es tu señal de que construir con ellos
puede no ser la mejor idea

es importante ser amable
y ayudar siempre que puedas,
pero eso no significa que todo el mundo
tenga derecho a tu tiempo

diseña un espacio revitalizador para ti mismo

es fácil perderse
en el espacio infinito de las hipótesis

en lugar de centrarte demasiado en

qué pasaría si

ánclate en

lo que es

el camino a seguir

tu historia emocional
no es solo un conjunto de recuerdos

hay huellas en tu inconsciente,
patrones de hábitos y bloqueos
causados por cómo reaccionaste
a lo que sentiste en el pasado

sanar es desvincularte y soltar
tu historia emocional
mediante la aceptación y el dejar ir

a veces queremos sentirnos más seguros antes de avanzar en el desarrollo de un plan claro, pero esto no siempre es posible. tener un objetivo o una corazonada intuitiva suele ser suficiente para justificar que nos movamos en una nueva dirección.

aunque sea viable tener un plan completo, no hay que apegarse demasiado conforme se avanza en el viaje. las condiciones cambian y aparecen obstáculos imprevistos que requieren flexibilidad. durante el viaje puedes aprender mucho; asumir nuevas experiencias y datos debería inspirarte a reconsiderar tu estrategia para ser más eficaz.

no saber cómo se desarrollará todo puede resultar desalentador, pero tener un objetivo que te impulse puede funcionar como una luz en medio de la oscuridad. si das pasos conscientes que se alineen con tus valores, tratándote intencionalmente a ti mismo y a los demás con compasión, sin duda acabarás en un buen lugar.

el tiempo que tardes importa mucho menos que lo mucho que aprendas y evoluciones a medida que avances en el proceso.

el camino a seguir

el verdadero crecimiento consiste en abstenerte de hacer
　suposiciones
para poder concentrarte en observar

tener más información
para poder desarrollar una visión completa
siempre es mejor que dejarte
dominar por una reacción impulsiva

domar tu ego para permitirte ver más

la sanación te sitúa en una trayectoria. primero te enfocas en desarrollar la autoconciencia para poder mejorar tu capacidad de enfrentar tus emociones, incluidas las que son intensas e incómodas. esto te ayuda a verte a ti mismo con mayor claridad a medida que avanzas por tu espectro emocional y, finalmente, comprendes cómo tus emociones impactan en tus acciones.

en la medida que aumenta tu claridad hasta el punto en que se revelan tus patrones principales, empiezas el trabajo serio de construir hábitos positivos: nuevas respuestas y más intencionadas a la vida que te liberan del pasado.

conforme aprendes a sentir tus emociones y a manejar mejor tus reacciones, el siguiente paso de empoderamiento consiste en dotar de armonía tus interacciones, no intentando controlar a los demás, sino manteniendo una energía equilibrada incluso cuando ellos te invitan a unirte a su turbulencia. vivir en tu paz dará la bienvenida a los demás para que también elijan la paz.

aspira a ser mejor persona,
no una persona perfecta

no caigas en la trampa del apego,
en la que tus expectativas sobre ti mismo
son excesivamente altas

encuentra el equilibrio entre
elevar el nivel
y no castigarte cuando
tienes errores o surgen contratiempos

emerger

el camino a seguir

habrá retos

momentos no deseados
penas inesperadas
dificultades imprevistas

momentos en los que no tendrás otra opción
que enfrentarte al caos

la vida te pedirá que te mantengas erguido y crezcas
aunque estés cansado

y en estos momentos de expansión,
verás
que eres más que un rival
para aquello que te asusta

eres más fuerte de lo que imaginabas

sabes que te has apartado
del momento presente
durante demasiado tiempo

cuando tu mente empieza a revivir viejos rencores
y se enreda en discusiones imaginarias

el camino a seguir

nuestra sociedad enaltece la velocidad, los grandes saltos adelante y los ascensos meteóricos, pero la realidad suele moverse a un ritmo más lento, sobre todo cuando se trata de la transformación personal. no todos los días tienen que implicar una "gran victoria" para que acabes en un lugar floreciente y hermoso.

la transformación no es un proceso tranquilo. hay días nublados. los contratiempos son naturales. los momentos de bajón son de esperar. con frecuencia, sentirás como si nadaras contra la corriente de los viejos condicionamientos. pero con tiempo y repetición, esta resistencia se suavizará y aparecerá tu nuevo yo.

nuestra tarea, a medida que desarrollamos nuevas formas de vida, es abrazar la idea de que los pequeños logros diarios son más valiosos que los resultados rápidos. así es como ganamos impulso para el largo viaje.

recuerda:

la felicidad no se consigue de la noche a la mañana,
la paz tarda en construirse,
una mente sana requiere un cuidado lento y suave.

las personas dispuestas a crecer
emiten una vibración atractiva

aunque hayas iniciado apenas tu viaje,
sentirte cómodo yendo más allá de tus antiguos límites
emana una energía especial que atrae
a otras personas emocionalmente maduras

¿qué puedes hacer para conectar con tu verdadero propósito y dones?

cuando empieces a volverte hacia tu interior para sanar, y elimines las capas de condicionamientos y traumas fuertes que han estado bloqueando tu creatividad natural para que no salga a la luz.

cuando tu mente esté más ligera, se conectará con más facilidad con sus talentos y aspiraciones genuinas, y encontrarás la forma de utilizar esos dones para servir a los demás.

nadie puede cumplir el 100% de las veces

la próxima vez que te sientas molesto
por no ser la mejor versión de ti mismo,
observa el apego que tienes a la perfección

recuerda que de vez en cuando necesitas bajar el ritmo
y conservar tu energía
para restablecer plenamente tu bienestar

el camino a seguir

una conversación real con un buen amigo
puede ser poderosamente sanadora

a veces lo que necesitas
es ser en verdad vulnerable y sentirte plenamente mirado

conectar con otra persona a un nivel tan profundo
puede hacer que te sientas con nuevas energías y renovado

es más fácil alejarse de una discusión
y mantener la calma

cuando te das cuenta
de que no están peleando contigo;
en realidad están peleando consigo mismos.

a veces simplemente sabes
que la tensión que sientes
no tiene nada que ver contigo

el camino a seguir

no es de extrañar que te sientas cansado,
pesado e irritable cuando empiezas a
comprometerte profundamente con tu historia emocional

la sanación te hará sentir lo que has evitado,
y esto puede impactar en tu estado de ánimo

dejar que las viejas cargas te atraviesen es difícil,
pero te ayudará a sentirte renovado

con suficiente sanación
llega un momento en que
quien eras antes se ha ido de verdad

el antiguo tú se convierte literalmente en pasado
más en un recuerdo
que algo con influencia
o poder sobre ti

tu identidad se siente menos restringida por viejos dolores
tu perspectiva se siente más expansiva

los patrones reactivos tienen menos control sobre ti
y la paz por fin se siente más accesible

este es un paso hacia la libertad

sobre la felicidad

la felicidad se confunde a menudo con la perfección; se ve como una suavidad en los acontecimientos externos donde todo lo que te gusta y amas de la vida sigue siendo precisamente abundante. el problema con la perfección es que es un mito; es un camino imaginario que, con el tiempo suficiente, te conducirá de nuevo a la tristeza. apegarse a la perfección no es solo negarse a aceptar los altibajos de la realidad, sino también una manifestación del ansia de control. la vida no se desarrolla en línea recta e inquebrantable; sus movimientos son agitados, impredecibles, más parecidos a las olas del océano. y gran parte de ella está fuera de nuestro control. dar a los acontecimientos externos un alto grado de importancia sobre cómo te sientes por dentro te llevará lejos de la felicidad.

la felicidad también se confunde con la sensación de placer. cada vez que entramos en contacto con algo agradable, una sutil sensación placentera recorre el cuerpo y reaccionamos a ella con ansia. el problema con el placer es que pronto se convierte en una persecución sin fin. seguimos intentando colocarnos en situaciones que nos brinden esos sentimientos. la verdad impopular es que la búsqueda desequilibrada del placer es un camino que conduce a la insatisfacción y al dolor. el placer es tan efímero que no es lo bastante fiable como para ser el centro de nuestras vidas.

la búsqueda exclusiva del placer o la perfección no contribuye a una existencia satisfactoria; de hecho, crea las condiciones para interacciones superficiales, y funciona como una barrera que puede impedirte llegar a conocer cada parte de ti mismo. si tu apego al placer es muy alto, entonces te costará mucho hacer las paces con las partes heridas o traumatizadas de ti mismo. estar apegado a la perfección o al placer puede limitar tu capacidad de ser vulnerable contigo mismo y con otras personas porque prefieres estar inmerso en algo que sea placentero. cualquier cosa placentera es increíblemente temporal y te dejará con una sed insaciable de más.

continúa

continúa

sanarte es una apertura a la verdadera felicidad. soltar las cargas mentales que arrastras del pasado le ayudará a tu mente a ser más clara y a estar más alineada con el flujo natural de la vida. muchas veces el dolor que te pesa funciona como una muralla que te impide comprometerte en plenitud con el momento presente. el dolor no procesado también limita el flujo de la compasión porque gran parte de nuestra energía se centra en sobrevivir día a día. esto dificulta la capacidad de profundizar en las relaciones interpersonales. la felicidad que deriva de ser capaz de vivir en paz en el momento presente es una cualidad que debe desarrollarse de forma deliberada. la felicidad no surge de la nada; necesitas cuidar el jardín interior, eliminar las malas hierbas y plantar las semillas adecuadas.

la felicidad es producto de la ecuanimidad, es decir, del equilibrio mental y de la capacidad de ser serenamente objetivo. desde este espacio de claridad y compostura, puede desarrollarse la verdadera esencia de la felicidad, que es la paz interior. un tipo de paz que no está controlada ni definida por los acontecimientos externos, que puede moverse con las olas de la vida sin sentirse abrumada o agitada. la felicidad puede multiplicar y potenciar las cualidades mentales más sutiles que hacen que la vida sea bella, como ser capaz de amarte a ti mismo y a los demás o ser capaz de ver más perspectivas que la propia. en el fondo, la felicidad es aceptar la realidad y apreciar el milagro del momento sin perderse en el ansia de más.

el camino a seguir

¿cómo construyes una buena vida?

sigue sin descanso tu intuición.
construye con gente a la que también le guste crecer.
asume la responsabilidad de tu sanación.
ámate tan profundamente que te sientas
en casa en tu propio cuerpo y mente.
enséñate a perdonar.
nunca dejes de ser una persona amable.

decir menos es increíblemente útil

no todos los pensamientos son valiosos
no todo sentimiento necesita externarse

lo que suele ser mejor es ir más despacio y dedicar tiempo
a desarrollar una perspectiva más clara e informada

el ego se precipita y reacciona,
pero la paz se mueve con propósito y suavidad

el camino a seguir

tómate un momento para agradecer
a tu antiguo yo
por haberte traído hasta aquí

siguieron adelante incluso cuando las cosas se pusieron difíciles
y dijeron no a la tentación
de volver a las viejas formas

su esfuerzo los pone en un mejor camino

al decir plenamente sí al crecimiento,
han hecho su vida más satisfactoria

si la conexión bastara por si sola,
no habría rupturas

la conexión necesita el alimento
que ambos miembros de la pareja cultiven
madurez emocional y autoconciencia

cuando cada uno abraza el crecimiento personal,
puede crear un hogar espacioso
y flexible para contener el amor verdadero

el camino a seguir

la madurez es cuando no necesitas prestar atención
a todas las habladurías ni saber muchos secretos

apoyas tu paz interior al permitir que
la información correcta llegue a ti en lugar de correr
tras el ansia de conocer los asuntos de todo el mundo

el ego quiere que seas el centro de todo
pero la alegría quiere que te centres en tu bienestar

dejar ir no siempre es rápido

suele suceder poco a poco

como cuando reemerge una vieja herida
y cada vez tiene un poco menos de poder sobre ti

o cuando reaparece un viejo patrón
y la lucha por decirle no
se vuelve poco a poco menos intensa

las capas viejas tardan en disolverse

el camino a seguir

es muy liberador no necesitar
enumerar todos tus éxitos

no solo te mantiene humilde,
sino que impide que otros te envíen
energía envidiosa

en silencio, hacer lo mejor que puedes
ayuda a que las cosas buenas fluyan
hacia ti con mayor abundancia

una gran señal de alerta
es cuando alguien no puede pasar tiempo solo

si se sienten perdidos cuando no hay nadie cerca
o cuando no están en una relación,
entonces están profundamente desconectados de sí mismos

el peligro es que utilicen tu presencia
para evitar ocuparse de sus propios problemas

esto hace que su tiempo juntos sea inestable

el camino a seguir

sabes que estás desarrollando sabiduría
cuando puedes alcanzar con más facilidad un equilibrio
entre la conciencia de tu propia perspectiva
y la consideración de las perspectivas ajenas

usas tu amor propio para protegerte
pero también tienes la humildad
para saber que no siempre tienes la razón

la capacidad de apreciar la perspectiva de otra persona es una gran señal de crecimiento personal. ser capaz de ver desde ángulos diferentes, más allá del que te ha dado tu condicionamiento de toda la vida, solo es posible porque has desarrollado un grado saludable de desapego.

si tu ego es demasiado dominante, entonces tu apego a tu propia visión del mundo se vuelve rígido. si has cultivado tu compasión a través del crecimiento y la sanación, entonces tu mente tendrá la flexibilidad necesaria para dejar de lado lo que sabe, de modo que pueda sentir y escuchar de verdad otra perspectiva aunque contradiga la tuya.

ser capaz de considerar la perspectiva de otro no niega tu punto de vista. la vida es compleja. pueden coexistir múltiples verdades.

hay ignorancia en mantener solo una perspectiva como suprema, porque en cada situación, hay más que conocer y ver. estar abierto a la expansión no es solo un camino hacia la felicidad, es una llave esencial que da la bienvenida a la sabiduría en tu mente.

le preguntaron,

"¿cómo se superan los momentos difíciles?",

ella respondió,

"no confíes en la forma en que te ves a ti mismo cuando tu mente está agitada, y recuerda que hasta el dolor es temporal. honra tus límites, trátate con amabilidad, renuncia a la perfección y siente tus emociones sin dejar que te controlen. tienes suficiente experiencia para enfrentar la tormenta y evolucionar a partir de ella".

(resiliencia)

estar dispuesto a enfrentar tus tormentas internas a veces hace que te enfoques tanto en tus emociones y en tu pasado que te olvidas de mirar hacia arriba y darte cuenta de que has dado muchos pasos hacia delante, que la vida ya no es la misma, y que tus comportamientos contribuyen más a tu felicidad.

hay un momento de victoria que sucede cuando te tomas en serio tu crecimiento y tu sanación. empiezas a darte cuenta de que ya no eres la misma persona que emprendió el viaje. todos los días no son un gran día, todavía hay muchos retos, pero hay una nueva frescura en la vida y los puntos bajos ya no son tan bajos como antes.

las emociones complejas ya no controlan tus acciones como antes. cuando reaccionas, ya no son tan intensas o abrumadoras. no eres perfectamente feliz todo el tiempo, pero ese nunca fue el objetivo. más bien, sientes una nueva sensación de calma porque has asumido más profundamente la inevitabilidad del cambio. no temes los altibajos, sino que has aprendido a fluir con ellos.

la alegría está más a tu disposición porque dedicas tiempo a cultivar tu paciencia y tu capacidad para apreciar el momento presente. sabes que aún queda mucho por sanar y más formas de crecer, pero estás familiarizado con el ritmo de observar, aceptar, dejar ir y permitir que la transformación se produzca de manera orgánica.

verdad impopular:

estar rodeado de gente que no necesita nada de ti puede ser profundamente rejuvenecedor. es difícil llenar tu propio depósito cuando siempre estás rodeado de otros que necesitan tu ayuda. dedica tiempo a los amigos que encienden tu alegría, te llenan de risas y recargan tu inspiración.

el apego al control
proviene, en esencia,
de una mala relación
con el cambio

abrazar el cambio es una de las formas más sutiles para mejorar tu vida. gran parte de la tensión mental que experimentamos proviene de rechazar el cambio. el patrón común es lamentarse de que algo placentero haya terminado o sumirse en la tensión mental cuando ocurre algo desagradable.

enseñar a tu mente a reflexionar más sobre la realidad del cambio liberará parte de la conmoción que se produce cuando las cosas cambian realmente en tu vida. comprender que el cambio es inevitable te ayudará a reconocer que todo tiene un límite temporal, lo que en última instancia te anima a estar más presente cuando estás haciendo cosas que te aportan alegría o cuando estás cerca de los que amas.

con mucha frecuencia nos quedamos atrapados en nuestra imaginación, creando intensas narrativas sobre el pasado o anhelando algo en el futuro, perdiéndonos por completo el hermoso momento que está justo ante nosotros. cada momento tiene potencial, y ese potencial se define por cómo llegamos a él. nuestra mente tiene el poder de convertir un momento que podría haberse olvidado fácilmente en algo asombroso y que cambia la vida para bien.

abrazar el cambio no solo trae más alegría a tu vida y mejora tu resistencia en los momentos difíciles, sino que también es la clave de la felicidad y la sabiduría. apegarse a lo mismo opaca la intensidad de la vida.

permítete decepcionar a la gente,
en especial si necesitas cuidar tu mente
o porque tu intuición te dice
que lo que ellos quieren no se alinea
con la persona en la que te estás convirtiendo

traicionarte a ti mismo no es virtuoso

recuerda, nadie puede sentir tu corazón
mejor que tú mismo

ser capaz de verte a ti mismo mientras te mueves por tu propio espectro emocional es una cualidad esencial que hay que cultivar. conocer la diferencia entre quién eres cuando estás en equilibrio y quién eres cuando tu estado de ánimo es bajo puede ayudarte a soportar los momentos difíciles sin hacerlos más complejos.

cuando estés tenso, cuestiona las valoraciones y juicios que estás haciendo. sabes por experiencia que las emociones fuertes tiñen negativamente tu punto de vista. no es el momento de tomar grandes decisiones.

tu percepción nunca es perfecta: está influida por tus emociones, o quizá te falte información adicional que aclare lo que estás viendo; comprender esto favorece tu humildad.

la percepción se vuelve más clara cuando tu mente está en equilibrio y cuando intenta desarrollar una apreciación lo más desinteresada posible. quienes tienen una profunda paz interior comprenden que rara vez es necesario crear un juicio inflexible, que lo que más se necesita es amor y cuidado.

algunas personas no podrán verte,
aunque estés justo delante de ellas

te hablan,
pero solo se están proyectando en ti

quieren que los escuches,
y creen saber qué es lo mejor para ti,
aunque no te conozcan en absoluto

el camino a seguir

¿qué hacer cuando todo va mal?

no te castigues ni pienses mal de ti mismo
recuerda que las tormentas son temporales
intenta hacer cosas amables por los demás
cambia tu rutina diaria
averigua qué viejo hábito te está frenando
haz lo necesario para equilibrar tu mente
y realinearte con tu paz

necesitas tu propia definición de felicidad

una que te reconecte con la belleza
de donde estás ahora

y no postergue tu alegría
hasta que consigas algo
en el futuro

una que se centre en abrazar
y no en esforzarse

el camino a seguir

si quieres sanar
y dejar atrás el pasado,
debes abrazar profundamente
la forma en que te sientes en el presente

periódicamente, tendrás que sanar tus motivaciones

hace falta una gran dosis de honestidad contigo mismo
para darte cuenta de que la avaricia y el miedo se han deslizado
al centro de tu mente

necesitar volver a conectarte
con tus mejores intenciones
no significa que estés retrocediendo;
solo significa que eres humano

una vez que te des cuenta de que los juicios de los demás se basan en gran medida en una combinación de sus antiguos condicionamientos y sus emociones actuales, tendrás la libertad de ser tú mismo.

el estado de percepción más común es el que no está claro, porque nuestra historia emocional evalúa todo lo que encontramos. por lo general, la gente te ve a través de la lente muy gruesa de su propio pasado. dejar que tu vida se defina por los juicios y suposiciones que los demás hacen de ti es un camino rápido hacia la complacencia de la gente y la insatisfacción constante. si quieres hacer justicia a tu vida, entonces tan solo necesitas ser amable, caminar con gentileza, tener compasión y, sobre todo, vivir de una manera que honre tu verdad.

es posible ver a los demás sin juzgarlos, verlos a través de una lente de aceptación, pero eso requiere práctica deliberada y trabajo de sanación para liberarte de la densidad del ego. si en tu mente domina más el ego que la compasión, te resultará difícil ver más allá de ti mismo. por suerte, la compasión es como cualquier otro músculo. a medida que la entrenes, se hará más fuerte. responder desde un lugar de compasión en lugar de hacerlo desde el ego no solo es posible, sino que es esencial para una vida armoniosa.

si abrazas el crecimiento,
te mantienes humilde
y no temes salir
de tu zona de confort,
puedes estar seguro de que tu mejor trabajo
y las mejores partes de tu vida
aún no han sucedido

sobre el control

si analizaras en profundidad los fundamentos de la naturaleza, verías que en su núcleo creativo se encuentra el veloz flujo del movimiento. partículas que pasan a gran velocidad e interactúan en diferentes combinaciones, conexiones temporales que se rompen y se forman. todo lo que conocemos en la vida cotidiana está animado por la corriente subterránea del cambio. el cambio crea el espacio donde la mente y la materia se unen para construir la ilusión del yo. permite infinitas posibilidades y garantiza el deterioro de cada nueva combinación. la naturaleza existe en forma de río; luchar contra este flujo incesante es causarnos dolor y estrés.

el ego busca controlar, por lo que, de forma natural, discrepa acerca de la verdad de la temporalidad. el ego desea moldear la realidad para poder tener todo lo que anhela, pero eso no es posible, ni es un camino hacia la felicidad. el ego está unido al apego, es decir, el ansia de que las cosas existan de una determinada manera. el ego lucha contra el cambio porque el cambio revela que el control rara vez es posible y, a un nivel más profundo, que el propio ego es en última instancia insustancial.

el control tiene límites inflexibles. las únicas partes de la realidad sobre las que tenemos poder son nuestras propias acciones y los hábitos que esas acciones crean. pensar que podemos manipular toda la realidad es un grave engaño, y si vamos a actuar de acuerdo con ese engaño de forma continua, entonces será fácil hacer daño a aquellos con los que nos cruzamos. el control succiona el aire de las relaciones, y aleja a la gente buena. el control funciona en oposición al amor. las amistades y relaciones duraderas suelen romperse bajo el peso del control. cuanto más fuerte es el ego, más probable es que el individuo crea que su manera de actuar es siempre la correcta. el control suele ser una manifestación de viejas heridas y traumas.

continúa

continúa

en el nivel aparente de la vida cotidiana, tú y yo estamos aquí, pero en el nivel último, somos simplemente un fenómeno temporal, cambiante. ser capaz de vivir en equilibrio con estas dos verdades, que somos reales y que no somos reales, nos ayuda a vivir sin aferrarnos con tanta intensidad. cuando abrazas profundamente el cambio, dejar ir se vuelve mucho más fácil. puedes enseñarle al ego a existir con más libertad desarrollando de forma deliberada las cualidades de la conciencia del momento presente y desafiándote a ti mismo a ser testigo desinteresado de la perspectiva de los demás. los niveles más altos de felicidad no son accesibles a menos que existas en armonía con la verdad del cambio, y eso requiere que te vuelvas más flexible con tu idea de quién eres y qué deseas.

lo mejor para ti es fluir con el cambio, en lugar de temerle y luchar contra él. puedes tomar decisiones que te alineen con tus objetivos al mismo tiempo que aceptas que habrá muchos momentos en tu vida que no podrás controlar: lo único que puedes hacer es responder a los cambios que se produzcan de una manera que apoye tu libertad y felicidad. confiar en el control es un intento de encontrar seguridad, pero esa sensación de seguridad y plenitud solo será abundante cuando puedas aceptar el cambio como tu maestro. es más fácil dejar de tener una relación combativa con el cambio cuando recuerdas que el cambio facilita la creación de todo lo que amas; sin cambio no hay existencia. moldea tu vida de la forma que puedas, en especial en lo que se refiere a tus propias acciones, pero no te apoyes en el control como forma de sanar ni lo malinterpretes como método para la alegría. la sanación y el deleite más profundos surgen cuando sueltas.

el camino a seguir

sabes que estás avanzando en la dirección correcta
cuando piensas para ti mismo:

"estoy tan agradecido con mi yo del pasado reciente
por hacer que este momento actual sea más fácil
de lo que habría sido de otra forma".

el trabajo que haces ahora
hace que tu futuro sea más brillante y sereno

no necesitas apresurarte a dar tus opiniones
ni emitir juicios sobre cualquier tema

la agitación que sientes por unirte al grupo
aceptando con rapidez la perspectiva general
limita tu capacidad de ser
la versión más real de ti mismo

está bien avanzar a tu propio ritmo
y mantener la curiosidad

juntos

el camino a seguir

siento que te conozco
pero es la primera vez que nos vemos

mi intuición me dice que este es un nuevo capítulo
en nuestra muy vieja historia

tus ojos me resultan familiares
y de modo natural me siento cómodo en tu presencia

no recuerdo mis vidas pasadas
pero si he vivido anteriormente
con certeza tú estabas allí

si esta es una nueva oportunidad para nosotros
asegurémonos de hacerlo todo
mejor que antes

no busques lo perfecto,
busca a alguien
que esté dispuesto a ser real

no busques la belleza,
busca a alguien
hacia quien gravite tu intuición

no busques que no haya rispideces,
busca a alguien
que esté dispuesto a discutir las cosas con amabilidad

la madurez emocional no crea una relación perfecta; solo te prepara para manejar mejor los altibajos que experimentarán mientras aprenden a amarse bien el uno al otro. las largas conversaciones, las lágrimas, las disculpas y la vulnerabilidad son habituales cuando el amor es profundo.

no puedes construir una relación con alguien
que quiere todo a su manera

una señal de alerta es cuando sigues intentando encontrar un
camino intermedio
pero terminas una y otra vez con menos de lo razonable

alguien inseguro
que quiere todo el control
no puede quererte bien

el camino a seguir

tres señales positivas innegables:

entienden que su historia emocional
influye en cómo se muestran en una relación

pueden aceptar sus emociones,
pero también regular sus reacciones

no esperan que seas
feliz todos los días

la realidad de las relaciones
es que no van a ser
la mejor versión de ustedes mismos cada día.

es normal que haya días arduos o difíciles,
momentos en los que tu pasado aflore con fuerza
y épocas en las que gran parte de tu energía
tan solo se concentre en tu interior, en la sanación.

la comunicación preventiva puede reducir las discusiones innecesarias. cuando te tomas el tiempo para comunicarle a tu pareja en qué punto de tu espectro emocional te encuentras (si te sientes decaído, triste, contento, malhumorado, etcétera), ambos disponen de la información necesaria para apoyarse.

no esperes a que te pregunten "¿cómo te sientes hoy?". ofrecer voluntariamente esta información, en especial cuando estás en un momento turbulento, puede ser muy valioso para ambos. te ayuda a admitir qué emociones estás experimentando en ese momento, y le da a tu pareja un contexto útil para comprender tu estado de ánimo.

este nivel de comunicación puede elevar la autoconciencia y detener la proyección. crear una cultura de comunicación temprana en una relación no solo abrirá las puertas a una mayor vulnerabilidad y profundidad, sino que también les ayudará a apoyarse mutuamente con amor.

lo que necesitas un día puede ser muy distinto de lo que necesitas al día siguiente. es importante que no esperes que tu pareja te lea el pensamiento. no puede hacerlo. el verdadero amor consiste en encontrar un camino intermedio en el que ambos se sientan bien.

las relaciones sanas serán más frecuentes
porque la gente se desprende de sus heridas
en lugar de proyectarlas en todo lo que ve

la sanación se basa en la comunicación
compasiva con uno mismo;
esta habilidad transforma el modo
en que abordas tus conexiones

el miedo y las viejas heridas pueden dificultar la aceptación de la naturaleza desinteresada del amor. en sus formas más elevadas, el amor consiste en dar, comprender, cuidar y todas las cualidades que emergen cuando se puede mirar al otro sin ego y actuar en su mejor interés.

algunos se preguntarán: "si el amor es desinteresado, ¿cómo hago para cuidar de mí mismo?".

la respuesta es que el amor entre dos personas debe estar en equilibrio con el amor propio de cada miembro de la pareja. del amor propio surge la comunicación de las necesidades y los compromisos activos que ayudan a ambos a sentirse nutridos.

sí, el amor consiste en dar, pero el amor propio consiste en hacer lo necesario para potenciar tu luz interior. se trata de conocer tus propios límites. tratarte bien a ti mismo es esencial si quieres construir armonía con otro ser humano.

la interacción entre el amor por el otro y el amor propio debe ayudar a formar un equilibrio en el que ambas personas puedan aspirar a ser desinteresadas pero, al mismo tiempo, tengan claro lo que necesitan para poder apoyar su crecimiento personal.

11 objetivos de una relación:

actuar en equipo
no manipular
comunicación honesta
manejo pacífico de los conflictos
dedicar tiempo a relajarse juntos
compartir el poder de decisión
crear un espacio para la vulnerabilidad
disfrutar de la felicidad del otro
abrirse a sus miedos y objetivos
permitir que la sanación profundice su conexión
intentar comprender la perspectiva del otro

elementos de una relación sana

la transformación personal que se basa en el amor propio y tiene como meta una mayor paz interior te enseñará de forma natural a querer bien a los demás. en el viaje hacia la mejora de tu propio estado mental también mejorarás tu capacidad para conectar. las relaciones son únicas, pero hay algunas cualidades importantes que ayudan a que sean saludables.

abrazar el crecimiento: cuando ambas personas tienen el valor y la humildad de verse a sí mismas como seres humanos imperfectos que aún tienen mucho que aprender, hay más oportunidades para que la armonía entre en la relación. la armonía es posible cuando cada persona puede asumir sus errores y tratar de corregirlos. hay que entender que es probable que surjan fricciones, pero ambos miembros de la pareja pueden combatir los conflictos innecesarios si toman conciencia de sí mismos y se resisten a las narrativas impulsadas por el ego.

escuchar de forma desinteresada: es importante desarrollar tanto la paciencia como la presencia en una relación. sin estas cualidades, es imposible escuchar a la pareja sin ego. ambas personas tienen su propia versión de lo que está ocurriendo, y cada una merece ser escuchada. cuando dos personas pueden escucharse de forma desinteresada por turnos, con el único objetivo de asimilar la perspectiva del otro, esto les ayuda a construir la comprensión necesaria para que surja la armonía.

comprender antes que ganar: por lo general, buscamos ganar las discusiones, pero esa perspectiva crea una situación en la que una persona está destinada a perder. las relaciones nunca deben basarse en la dominación. es mucho más sano abordar el conflicto con el objetivo de comprenderse. cuando se comprenden y pueden

continúa

continúa

encontrarse en un punto intermedio, no queda mucho por lo que discutir, y resulta más fácil dejar de lado el conflicto por completo. cuando el objetivo es entenderse, las discusiones suelen ser más breves y ligeras. incluso pueden fomentar una conexión más profunda.

apoyar el poder del otro: turnarse para ser el líder en diferentes situaciones ayuda a cada individuo a expresar su poder y sus talentos. las parejas suelen tener distintas fortalezas, por lo que es lógico que una persona no tenga siempre el control en cada momento. compartir el poder es fundamental para crear un ambiente armónico en el que pueda florecer la confianza. ser capaz de vivir en tu poder crea la sensación de libertad que todos necesitamos para sentirnos realmente en casa.

el camino a seguir

es natural que las relaciones
incluyan momentos de monotonía y sencillez

es parecido a pasar tiempo a solas,
que los dos acepten en paz los momentos de calma
significa que tienen conexiones sanas con ustedes mismos

apreciar los aspectos mundanos de la vida
en pareja es señal de que
ambos han crecido mucho

las relaciones profundas necesitarán periódicamente
un reequilibrio deliberado
para que ambas personas se sientan apoyadas
en su poder y felicidad

lo que funcionaba antes
puede no funcionar bien ahora
porque ambos han crecido mucho

sé sincero acerca de lo que necesitas
para que puedas crear una unión más revitalizadora

¿cómo superar una ruptura?

permítete aceptar lo que ha pasado. es natural sentir tristeza. lo que hace que las rupturas sean más duras de lo necesario es nuestra tendencia a quedarnos atrapados imaginando el pasado y anhelando lo que ya no existe. la única forma de avanzar es traerte de vuelta al momento presente.

no hay un tiempo fijo ni un camino para la sanación porque cada corazón es único. lo que sí puedes hacer es trabajar en tu amor propio: date a ti mismo lo que has estado buscando de los demás; alimenta tus necesidades; conecta con buenos amigos y encuentra la alegría en los pequeños momentos de la vida. el amor propio es especialmente importante porque es una puerta de entrada para dejar ir el pasado.

este es un buen momento para construir nuevos hábitos que te alineen con una vida más satisfactoria. también puede ser útil reevaluar lo que en realidad buscas en una pareja. más que nada, tu propia aceptación te hará sentir completo. deja que este sea un periodo de sanación y evolución que mejore tu vida de forma radical.

la libertad que sientes cuando te das cuenta
de que no necesitas sus disculpas para seguir adelante

solo necesitas tu amor propio
y aceptación para soltar

ahora puedes dejar que tu intuición y tus valores más elevados
te conduzcan a conectar con personas que están
emocionalmente disponibles y alineadas

el camino a seguir

en lugar de decir "estoy triste",

replantéalo como

"la tristeza ha aparecido de forma temporal"

o "la tristeza me está atravesando"

madurez en una relación
es cuando ambos pueden estar tranquilamente
de mal humor al mismo tiempo
sin desquitarse uno contra el otro

a veces los estados de ánimo se tornan difíciles
sin una causa sustancial

negarte a darle a tu sentimiento temporal
una narrativa injustificada
o cualquier forma de control
es una forma poderosa de querer bien a alguien

pregúntate:

¿en qué áreas de tu vida te encuentras aferrado al control?

¿cómo afectaría a tus relaciones estar más abierto al cambio?

¿hay alguna situación inmutable que estés intentando aceptar?

¿qué puedes hacer en la actualidad para quererte mejor?

¿de qué manera has vivido con intención en los últimos tiempos?

yung pueblo

no estás ayudando bien
si lo estás haciendo
hasta el punto de agotarte y extenuarte

amar no significa dar
hasta que no te quede nada

llevarlo tan lejos
es señal de que falta amor propio

atiende tus propias necesidades
y recupera el equilibrio

encuentra una pareja que no espere que estés todo el tiempo feliz o con mucha energía, porque tiene la madurez emocional suficiente para aceptar los altibajos. las relaciones no existen en una eterna primavera, sino que pasan por las estaciones de una forma que impulsa tu crecimiento personal. el amor verdadero comprende que los estados de ánimo fluctúan, en especial cuando la sanación te está ayudando a dar pasos hacia delante. ambos utilizan la comunicación en los momentos difíciles para que el otro sepa que la pesadumbre está pasando por su mente y para encontrar la mejor manera de apoyarse mutuamente. ambos han decidido tomar el camino de la autenticidad porque es la manera más rápida de brillar con luz propia y de profundizar en su conexión.

las relaciones basadas en la belleza y la lujuria no tienen los cimientos de una unión a largo plazo. se necesita mucho más que eso para construir una pareja duradera. es más sustancial enamorarse de quien es una persona, de sus gestos, de su resiliencia y brillantez, de su manera de moverse por el mundo, de las decisiones que toma, de sus aspiraciones y valores y, lo que es más importante, de la forma en que su ser se siente de forma natural a tu lado. estas cualidades no suelen ser evidentes en la superficie. se necesita querer conocer a alguien a un nivel más profundo para apreciar plenamente lo especial que es.

puede que te enamores de alguien por lo que es en ese momento, pero las relaciones maduras dejan espacio para que cada persona crezca y evolucione. la persona de la que te enamoras inicialmente no seguirá siendo la misma durante la relación. si la conexión es fuerte y si su compromiso ha creado un hogar seguro y vigorizante, no será difícil enamorarse del otro una y otra vez. parte de querer bien a una pareja es conocer los nuevos aspectos de su personalidad a medida que van surgiendo. quererse por lo que se es ahora, en lugar de por lo que fue, mantiene la relación fresca y centrada en el presente.

le preguntaron,

"¿qué cualidades debe tener tu pareja?",

ella respondió,

"por encima de todo, la voluntad de crecer y la suficiente autoconciencia para que puedan quererte bien de verdad. si están emocionalmente preparados para una conexión real y listos para la sanación profunda que los unirá más con el tiempo, será más fácil construir un hogar estimulante y vibrante. el amor real es un compromiso de apoyar la felicidad del otro".

(amor consciente)

las relaciones no consisten en complacerse constantemente el uno al otro, sino en crecer juntos a través de los altibajos. por supuesto, apoyar la felicidad del otro es importante, pero las relaciones no son un paraíso de gozo sin fin. nada en la vida es perfectamente placentero todo el tiempo.

desprenderse de la idea de que todos los días deben estar llenos de energía y alegría deja espacio para un nivel de amor más profundo. una relación está hecha para ser un viaje en el que te encontrarás con partes de ti mismo que no han sanado. una unión genuinamente amorosa es un espejo que dice la verdad. verás las partes ásperas de tu ego y muchas de las áreas en las que crecer te ayudará a ser una persona más feliz y una mejor pareja.

el amor es el descubrimiento interno de la conciencia de uno mismo y del desprendimiento; es la superación del ego y la sanación de viejas heridas para que puedas volcarte hacia fuera y mostrarte a ti mismo y a los demás de una forma mucho más enriquecedora.

el camino a seguir

las amistades más profundas y sanadoras
suelen darse entre personas
muy diferentes entre sí

lo que mantiene fuerte el vínculo
es que cada amigo abraza el crecimiento personal

a medida que evolucionan y se transforman,
el amor y el cuidado perduran,
porque no temen al cambio

necesitas saber cuándo alejarte

si la desalineación se siente constante y la armonía es extraña

si sus palabras son poco fiables
y es claro que el apoyo que necesitas para avanzar
no está dentro de su capacidad emocional

si ya no alimenta una conexión
que está perdiendo su energía, es una elección difícil,
pero podría ser eso lo que tienes que hacer
para honrar tu amor propio
y tu crecimiento personal

el camino a seguir

sabes que has progresado de verdad
cuando te encuentras con las emociones difíciles
de alguien y en lugar de dejar que su volatilidad te consuma,
afirmas mentalmente en tu interior
"no me uniré a él en sus turbulencias"

encuentra una pareja que aumente tu poder
en lugar de disminuirlo. complementar
las cualidades del otro de forma que brillen
con más intensidad es un regalo inmenso.
no solo comparten sus fuerzas,
también alimentan la chispa que inspira la evolución.

la forma más rápida de desperdiciar una hermosa conexión es el apego, es decir, el ansia de que las cosas ocurran de una manera muy particular. muchas veces, el apego se ve exacerbado por miedos que provienen de nuestra historia emocional no sanada.

las emociones tumultuosas y desapercibidas se convierten en inseguridades que refuerzan la idea equivocada de que perseguir nuestros apegos es la única forma de crear seguridad y abundancia en nuestras vidas. nuestro dolor nos engaña haciéndonos creer que la única forma de conservar el amor es aferrarse a él. la inseguridad se manifestará como control, que bloquea el flujo del amor real.

la verdad es que solo las manos abiertas pueden sostener bien el amor; las manos cerradas no pueden recibir ni dar amor. el sinónimo más cercano del amor es libertad, lo que significa que el amor no es algo que pueda florecer en un entorno estrecho. el amor necesita espacio para extenderse, expandirse y fluir.

un temor común es que sin las limitaciones de apegos y expectativas, el amor no durará. el amor entre dos personas requiere un punto intermedio en el que ambos puedan encontrarse, pero las relaciones de apego no pueden proporcionar ese espacio porque son demasiado rígidas.

el amor sano crea su término medio a través de una comunicación serena y compromisos voluntarios. los compromisos son acciones y maneras de ser mutuamente acordadas con las que ambos miembros de la pareja se sienten bien. funcionan porque son a la vez firmes y flexibles. cuando dos miembros de la pareja deciden que sus necesidades o deseos han cambiado, también pueden cambiar su forma de estar para el otro en la relación. las parejas armoniosas alinean sus compromisos con su crecimiento y con el apoyo a la felicidad del otro.

encuentra una pareja que se dé cuenta del impacto de su historia emocional en la forma en que se muestra en la relación. no es necesario que se conozcan a sí mismos a la perfección ni que hayan sanado sus viejas heridas; solo necesitan ser lo bastante conscientes de sí mismos como para darse cuenta de cuándo su pasado se interpone en su camino para quererse bien. saben que las emociones difíciles del pasado pueden distorsionar la mente y provocar discusiones innecesarias. juntos, se apoyan en la honestidad consigo mismos y con el otro para superar los momentos difíciles. se apoyan el uno al otro siempre que el dolor del pasado necesite atención. están de acuerdo de todo corazón en que amarse profundamente y sanarse a sí mismos debe ser su máxima prioridad.

el camino a seguir

con frecuencia, las conexiones se rompen bajo el peso
de traumas no resueltos y mala comunicación

las viejas heridas crean distancia entre la pareja
y dificultan que ambos se vean con claridad

sin escucha desinteresada
sin expresar su vulnerabilidad,
será difícil profundizar en su vínculo

si están constantemente proyectando,
culpando al otro de sus propias emociones
y no están interesados en el crecimiento personal,

entonces será difícil construir
una relación sana juntos.

la conexión no es suficiente.

las relaciones también requieren
una cierta preparación emocional.

el camino a seguir

cuando no puedes lidiar con tu dolor,
lo reprimes o lo proyectas

el dolor que cargas ensombrece
lo que ves

enamorarse de la persona equivocada
y elegir no amar a la persona adecuada
son situaciones comunes
de las que no se habla lo suficiente

deseos, viejas heridas y condicionamientos necios
pueden confundir al corazón

a veces se necesitan años para darse cuenta plenamente de eso

lo que ves en redes sociales
puede darte expectativas poco realistas
de lo que debe ser una relación sana

no van a dar lo mejor de ustedes todos los días
a veces dirán algo equivocado
la comunicación no siempre será clara
no siempre estarán de acuerdo

las cosas no tienen que ser "perfectas"
para que la relación sea profundamente satisfactoria

el amor puede ser difícil de navegar
cuando la mente está constantemente
deseando más

el ansia a menudo nos impide ver
a la increíble persona que está justo
delante de nosotros

el deseo también nos desconecta de la gratitud

el camino a seguir

la madurez emocional no es:

manejar todo por tu cuenta
o estar más allá de tus emociones

la madurez emocional es:

sentir emociones difíciles
sin alimentarlas ni proyectar
tu tensión en los demás

encuentra una pareja que pueda igualar tu capacidad emocional. si puede sentir la profundidad de sus altibajos personales sin huir, será capaz de estar presente en su relación tanto en los momentos de victoria como en los de lucha. cuando la pareja sabe cómo afrontar sus propias emociones con presencia, habrá un entendimiento más armonioso entre ustedes y menos confusión. la forma en que cada integrante de la pareja se conoce a sí mismo como individuo se refleja en la compasión y la paciencia que brinda al otro. ninguno de los dos tiene que ser perfecto o tenerlo todo resuelto. lo que hace que todo funcione es que el amor entre ustedes no está solo; se ve reforzado por sus compromisos de crecer, soltar, sanar y dejar ir lo que ya no sirve.

el camino a seguir

las relaciones sólidas no consisten
en hacer las cosas bien todas las veces

se trata de aceptar el hecho
de que cada persona tiene mucho crecimiento por delante
y amarse durante el proceso

ambos enfrentan los conflictos tratando
de comprenderse
en lugar de ser combativos

la conexión los une,
pero la madurez emocional es lo que hace que funcione

el camino a seguir

no se trata de encontrar un compañero que haya sanado por completo;
se trata de encontrar a alguien que no tenga miedo de sus emociones.
una persona que no reprime lo que siente
y que puede estar presente gentilmente en sus altibajos
tendrá una base de madurez emocional.

una de las habilidades más importantes que hay que desarrollar
en una relación es saber cuándo dar un paso atrás
y dejar espacio a tu pareja cuando
atraviese un momento difícil o cuándo dar un paso al frente
y darle apoyo activo. el tipo de amor que podrían necesitar para ayudarse
en su proceso no siempre será el mismo.

el camino a seguir

apoya, pero no intentes arreglarlo todo
abraza el crecimiento, pero no esperes la perfección
establece límites, pero cámbialos cuando sea necesario
ten determinación, pero descansa y relájate también
permite la conexión, pero construye con personas maduras
sé positivo, pero permítete sentir los momentos difíciles

dirección

el camino a seguir

11 compromisos personales:

vive con gratitud
cree en tu poder
el amor propio no es opcional
sana a tu propio ritmo
no glorifiques el estar ocupado
no apresures las cosas importantes
deja de dudar de tu progreso
comprométete solo con lo que te parezca correcto
establece límites para ayudarte a centrarte
escucha cuando tu intuición dice sí
pon tu energía en tus objetivos más elevados

aporta tu propia vibración a la situación.
deja que brille tu luz interior aunque haga temblar la habitación.
basta de conformarse.
no esperes otro día para ser tú.

apóyate en tu energía personal
conectando con tus objetivos reales.

haz los movimientos que iluminarán tu futuro.

el camino a seguir

es posible vivir con amabilidad y compasión hacia uno mismo y hacia los demás, al tiempo que estableces límites saludables o te defiendes a ti mismo cuando es en verdad necesario. se puede ser amable con el mundo y también proteger el propio florecimiento. en lugar de recurrir al modo de supervivencia cuando la vida se pone difícil, reclama tu poder tomándote tu tiempo para responder hábilmente.

algunos amigos se merecen un capítulo
completo en la historia de tu vida. las cosas no serían
tan buenas si no hubieran estado a tu lado
para apoyarte en tormentas insufribles
y decirte esas pocas verdades duras que
alentaron tu evolución.
su luz esencial te ayudó a descubrir la tuya.

si en verdad quieres rebelarte
en una sociedad de mente estrecha y egocéntrica,
sé más amoroso.
cuida de forma más amplia y expresiva.
vive con audacia desde tu corazón.
da sin miedo.
encuentra la alegría en ser desinteresado.
comparte tus talentos.
vive sin pedir permiso.

cuando aumenta tu amor propio,
estás mucho menos dispuesto a dañar a otros

¿por qué?

porque el verdadero amor propio abre despacio
la puerta del amor incondicional a todos los seres

el camino a seguir

4 lecciones de vida:

construir la paz interior o dejarte llevar por el caos exterior

ser flexible no significa renunciar

apreciar a los mejores amigos de tu vida

los tiempos difíciles no duran para siempre

los pocos amigos sólidos con los que puedes ser muy sincero, que te cubren las espaldas de verdad, superan en valor a la multitud de otras conexiones que tienes que no son tan profundas. muchas amistades prometen mucho pero al final no significan tanto. los amigos que de verdad te dedican tiempo valen más que mil conocidos.

le preguntaron,

"¿cómo sabes que la sanación está funcionando?",

ella respondió,

"cuando tu mente ya no está gobernada por el pasado y cuando sientes paz en situaciones en las que antes sentías tensión. conectas con más facilidad con el gozo y utilizas felizmente los límites para proteger tu bienestar. la sanación es real cuando tu mente se siente más ligera y quererte a ti mismo resulta más natural".

(progreso)

¿qué hacer cuando todo va bien?

abrazar el momento sin dejar que tu ego lo controle
encontrar más formas de ayudar a los demás
equilibrar tu mente recordando que nada dura para siempre
seguir tomando las mismas buenas decisiones que te han traído
    hasta aquí
disfrutar sin apegos

el camino a seguir

los momentos depresivos intentarán hacerte olvidar
lo mucho que has conseguido en realidad

has superado demasiadas cosas como para dejar
que las emociones complejas te confundan

deja de escuchar el ruido
y céntrate en el hecho
de que las tormentas no duran para siempre

el trauma reacciona; la intención responde

la intensidad de tu reacción revela
a cuánto del pasado te aferras

el perdón es una medicina poderosa. el odio pesa mucho en la mente.

sentir una intensa aversión hacia alguien es señal de apego, porque hay algo ahí que nos negamos a dejar atrás o a soltar. esto no solo mantiene nuestra energía apuntando hacia el pasado, sino que mantiene la mente girando en turbulencias.

puedes sentir aversión hacia alguien por algo que te hizo, pero sentir esa misma intensidad hacia esa persona de forma reiterada, mucho después de que el incidente haya pasado, te hace más daño a ti que a ella. si el simple hecho de pensar en esa persona hace que tu mente reaccione con pesadumbre y repugnancia, eso significa que les estás dando demasiado de tu espacio mental.

cuando tomas tu evolución en tus propias manos, haces el trabajo de reclamar tu poder. en este caso, esto significa devolver tu energía al no dejar que tus reacciones te arrastren al pasado.

busca un término medio en el que dejes ir y, al mismo tiempo, permitas que el pasado te informe en lugar de controlarte. el perdón total es libertad. aunque te cueste perdonar a esa persona plenamente en tu corazón, puedes hacer las paces con el pasado para poder experimentar por fin la paz en tu mente.

una de las mejores maneras de querer bien a tu pareja
es simplemente no proyectando tus emociones difíciles en ella

cuéntale a tu pareja cuando te sientas mal internamente
y pon atención al modo en que las emociones temporales
impactan en las narrativas de tu mente

esto evitará que haya muchas discusiones

el camino a seguir

abandona la idea
de que soltar es rápido
y solo se necesita una vez

cuanto mayor sea el daño,
más profundamente se graba en la mente

desatar viejos patrones
y construir respuestas sanas a la vida
son proyectos de largo aliento

la sanación requiere paciencia y repetición

sé intencionado y no te rindas

es fácil señalar con el dedo,
pero cuando miras profundamente en tu interior,
ves que en realidad tienes algo que decir
sobre cómo reaccionas,
incluso en los momentos difíciles

el camino a seguir

necesitas saber quién eres
o te dirán quién eres

tus seres queridos y la sociedad pueden inundarte
de opiniones e información

conocer tus valores puede ayudarte a navegar en el mundo

encontrar el equilibrio entre abrazar nuevas ideas
y no dejar que los demás te digan qué pensar

sentirte emocionalmente agotado
es común después de abrirte profundamente
o después de experimentar una serie de intensas emociones
durante un largo periodo.

prepárate para tomarte un tiempo de silencio
y soledad que necesitas para rejuvenecer plenamente.
se vale no ser serio todo el tiempo.

encuentra una pareja que te ame tal como eres y que no te pida que te ajustes a una imagen de perfección que tiene en su mente. cuando ambos se liberan del apego a la perfección, su amor se profundiza, su conexión se fortalece y se abre un nuevo espacio para que florezca la alegría. se apoyan mutuamente para crecer, pero no se exigen ni se imponen expectativas silenciosas. en cambio, se centran en crear un entorno de seguridad, aceptación y nutrición, de modo que cada uno de ustedes se sienta seguro de mirar hacia dentro y sanar el viejo dolor que los limita. un amor que perdura es un amor que acoge la vulnerabilidad y la imperfección.

le preguntaron,

"¿cómo te quieres bien?",

ella respondió,

"haciendo de tu bienestar y tu sanación una prioridad absoluta. teniendo el valor de crear límites que apoyen tu crecimiento, escuchando atentamente tu intuición, respetando tu necesidad de descanso, y conectando con gente que esté emocionalmente disponible. ser deliberado con tu vida es quererte bien".

(vida consciente)

redobla la apuesta por el amor

no el amor superficial que ignora la realidad o la historia,
sino el verdadero amor que está dispuesto a mover montañas

el tipo de amor que no teme la acción,
el cambio o el crecimiento personal

el tipo de amor
que quiere lo mejor para todos,
incluyéndote a ti

tu ego
quiere que los demás
piensen
y actúen como tú

el camino a seguir

cuando te reencuentras contigo mismo
después de un largo periodo de sanación y crecimiento,
puedes sentirte torpe con tus palabras y acciones
mientras aprendes más sobre tu nuevo yo

renacer no es fácil,
pero ahora tienes la agilidad mental
para ir hacia tu interior
y conectar plenamente con tu autenticidad

cuando te comprometes a crecer, tus viejos hábitos no lo harán más fácil. Muchas veces, la duda rugirá y gritará y tratará de engañarte haciéndote creer que has progresado mucho menos de lo que en realidad has avanzado. a la mente le gusta volver sobre sus surcos más profundos una y otra vez, tejiendo una sólida barrera contra el cambio. por suerte, con persistencia, puedes trabajar incluso a través de los patrones mentales más rígidos, estableciendo nuevos caminos que te nutran. la perseverancia es tu mejor arma en tu búsqueda de la transformación.

el camino a seguir

no siempre es tiempo de crecer

encuentra el equilibrio entre
mantenerte comprometido con tu evolución
y tomarte un tiempo para avanzar de forma continua
hacia nuevos niveles

estar donde estás con intención
y disfrutar de lo lejos que has llegado
ayuda a romper el apego de desear siempre resultados

dedicar tiempo a la integración
hace más sostenible el crecimiento
a lo largo de la vida

hay gente que disfruta de malinterpretar las cosas

no intentarán mirarlas genuinamente
porque les produce demasiado placer el desagrado
o su ego está demasiado interesado en distorsionar lo que ven

si no puedes razonar con ellos,
céntrate en conservar tu energía
y sigue viviendo tu vida

el camino a seguir

11 formas de apoyar tu evolución:

lee más
medita a diario
di no con más frecuencia
sé un comunicador claro
disminuye tu tiempo de pantalla
da prioridad a tus objetivos principales
conecta con las personas que te inspiran
sé amable pero no complazcas a la gente
recuerda que el descanso favorece la creatividad
no dejes que tu pasado controle tu presente
deja de competir y sé tú mismo

crea lo que tu intuición te pide que crees. hazlo como un acto de servicio. no tienes idea de a quién puedes acabar ayudando o incluso de las vidas que puedes salvar tan solo por seguir la verdad de tu corazón.

no dejes que el miedo te impida escuchar tu llamado interior. no dejes que un camino poco claro te desaliente a dar pasos hacia lo desconocido. lo mejor de ti surge cuando empiezas a abrazar el espacio que hay más allá de tu zona de confort.

no necesitas tener todas las respuestas ahora mismo para alcanzar el éxito. solo necesitas estar dispuesto a dar un paso a la vez. recuerda lo fuerte que eres y lo mucho que ya has superado.

no necesitas ir deprisa. incluso un movimiento lento te llevará adonde quieres ir. permítete vivir en tu poder. tienes una visión única, y ese es tu regalo para el mundo.

los celos son una clara señal
de que necesitas aceptarte y quererte más

estar inspirado por alguien es totalmente diferente,
la energía es edificante y aporta claridad a la mente
en lugar de pesadumbre

la inspiración te lleva más lejos y te ayuda a centrarte;
los celos son la inseguridad del ego

si necesitas tomártelo con calma
hazlo con valentía

la velocidad de la sociedad puede ser agotadora

la tecnología puede drenarte

la falsa sensación de competencia
que existe en tu mente
puede aminorar tu felicidad

el éxito personal es más probable
cuando te centras en tu camino
y vives sin prisas

el camino a seguir

has hecho inmensos progresos

tu autoconciencia ha alcanzado nuevos niveles

tu sanación ha hecho que tu mente sea menos reactiva

y ahora estás emocionalmente preparado para conexiones más profundas

llegaron las tormentas y los retos, pero sigues en pie, firme

sigue haciendo lo que es bueno para ti

pensé que tendríamos más tiempo

el final no fue solo indeseado;
fue completamente inesperado

cuando surgieron problemas,
esperaba que las cosas volvieran pronto a la normalidad

no estaba preparado para que me impusieran un nuevo capítulo
y para afrontar un sentimiento de pérdida tan profundo

debo aprender a cuidar mi corazón de nuevas maneras
porque tú ya no estás para ayudarme a sostenerlo

todo lo que tengo frente a mí
es la gran tarea de crear
una nueva idea de la felicidad y del hogar

el camino a seguir

no fue el tiempo el que te curó;
fue tu valor para sentir todo aquello
de lo que solías huir

estar contigo mismo y enfrentarte a tu tensión
es difícil, pero es la única manera de liberar lo que
ha estado reprimido dentro de ti

tu dolor simplemente pedía tu atención

deja que haya espacio entre tú
y aquello en lo que crees

el apego a lo que crees saber
puede endurecerte y frenar tu crecimiento

es cierto que hay cosas que podemos saber,
pero el conocimiento es siempre incompleto
en un universo en constante cambio

el ego no disfruta de la evolución,
prefiere la uniformidad y el control

los más sabios entre nosotros dicen que la libertad última
resulta de la liberación de todas las ideas, de todo conocimiento,
solo entonces podemos trascender y observar lo que es

confianza

el camino a seguir

la sabiduría no es ruidosa,
tampoco susurra

es una resonancia
que te alinea hacia una mejor dirección
es un saber que emerge con innegable claridad
es una expansión que aligera la mente

la sabiduría es gradual,
suele mostrarte la misma verdad
desde diferentes ángulos,
hasta que por fin penetra tan profundo
que se vuelve parte de tu ser

a medida que tu sabiduría interior madura,
se hace más fácil dejarte llevar,
dejar de pelear contigo mismo
y fluir con la naturaleza en lugar de ir en contra de ella

en lugar de forzarte a soltar

permanece quieto
presente
déjate sentir
no huyas
acepta lo que es
y deja que todo se desenvuelva de forma natural

el camino a seguir

la batalla terminó
ya no lucho contra mí mismo

estresarme por lo que he hecho
o por lo que debería haber hecho
simplemente no ayuda

quiero verme sin señalar con el dedo
para avanzar con gracia
ver los errores como lecciones
y permitir que mejoren
mis acciones futuras

en lugar de apegarme al pasado
quiero conectar en paz con el presente

yung pueblo

la sanación sucede
en el momento presente

recuérdalo
cuando te centres
demasiado en el pasado

el camino a seguir

si quieres elevar tu vida
a la visión más alta que tu intuición
te dice que es posible,
debes estar dispuesto a aceptar
que tus seres más allegados no crean en ti al principio

alejarte de lo común
haciendo algo del todo inesperado
infunde miedo a muchos.

yung pueblo

date cuenta de lo corto que es el camino de la gratitud a la felicidad

el camino a seguir

los límites son la forma más directa de proteger tu energía.

exprésalos con claridad por tu bien. si no lo haces, la gente simplemente seguirá tomando más y más, no maliciosamente, sino porque no sabrán cuándo necesitas espacio o cuándo te sientes agotado.

crear límites es una forma proactiva de diseñar tu vida. para ayudar a mantener tu vigor interior y exterior, debes decidir con claridad quién y qué puede entrar en tu espacio y cuándo. los límites no consisten en ser demasiado estricto o mezquino; consisten en utilizar tu conciencia de lo que es en verdad bueno para ti para construir un santuario que respalde tu crecimiento.

en un mundo en el que hay una batalla constante por tu atención y una cantidad de información potencialmente abrumadora, necesitas límites digitales y personales adecuados para favorecer tu salud mental.

la memoria del pasado
a veces puede desvanecerse con rapidez

pero la forma en que reaccionaste
a lo que sentiste en el pasado
puede permanecer contigo durante años

es más fácil olvidar los detalles
que eliminar
las huellas emocionales que llevas

la verdadera sanación no consiste en olvidar;
dejar ir requiere una profunda introspección
y aceptación

el camino a seguir

la forma impulsiva en que reaccionas muestra cómo te enfrentaste
o te defendiste en el pasado

si estás atrapado en actuar a la defensiva,
tu mente verá las cosas a través
de la lente temerosa de la supervivencia

la clave para llegar al presente
y romper con el pasado
es ir más despacio

respirar
pensar
actuar

no siempre vas a acertar. a veces la reacción será demasiado fuerte y te llevará a decir y hacer cosas que resultan contraproducentes. si el detonante es demasiado intenso o si ya estás de mal humor o agotado, tus reacciones pueden gobernar con más facilidad tus pensamientos y tu comportamiento.

aunque hayas crecido mucho, no eres perfecto. por eso el crecimiento no es lineal. la sanación no consiste en desarrollar un apego a la perfección, sino en reconocer los momentos en los que te mueves en dirección contraria a tus objetivos a largo plazo y tomar conciencia de lo que puedes hacer de forma diferente la próxima vez.

reconocer cuando te equivocas no es una invitación a ser duro contigo mismo. de hecho, es un signo de victoria. significa que puedes verte mejor que en el pasado y que entiendes en qué áreas necesitas crecer a futuro. el verdadero amor propio abraza el crecimiento personal, pero lo hace con delicadeza.

el camino a seguir

el trabajo que dedicas
a una relación que ha terminado
no es una pérdida

aprender a amar mejor,
a comunicar con claridad,
tener el valor de decir lo que necesitas,
y saber dar sin agotarte

son habilidades que te beneficiarán
en todos los aspectos de tu vida

estoy menos interesado en debatir
y más interesado en
sopesar un tema colectivamente

compartamos en paz
lo que sabemos entre nosotros

cuando lleguemos a puntos divergentes,
centrémonos en la pregunta

¿cómo has llegado a este punto?

¿puedes ayudarme a entender lo que quieres decir?

el defecto es vivir desde un lugar del ego,
enfocado en sobrevivir

el objetivo es vivir desde la compasión
hacia ti mismo y hacia los demás,
que apoya el florecimiento

algunas de mis personas favoritas
son las que no dejan que la sociedad las apresure.

se mueven a velocidades que resultan
más naturales para su ser.

tienen su propia idea del éxito
que se basa en la prosperidad interior,
y tratan a sus mentes con gentileza.

por encima de todo, abrazan el crecimiento
del mismo modo que abrazan el aire y el agua,
porque ven la vida como un regalo
que favorece la evolución.

el camino a seguir

personas y entornos diferentes
sacan a relucir distintas facetas de ti,
no porque seas falso o porque actúes,
sino porque tu personalidad es expansiva

lo que eres es un enorme espectro;
déjate fluir para que tu identidad pueda
expresarse plenamente

no eres una cosa,
eres ilimitado

centrarse en unos pocos aspectos fundamentales puede suponer un gran cambio en tu vida:

1. haz de tu sanación, transformación personal y bienestar tus prioridades

2. abstente de hacerte daño o a los demás

3. crea un espacio mental para la gratitud

4. sé amable y generoso con los demás

cambiar tu enfoque hacia el crecimiento y la evolución interior no solo disminuirá la tensión en tu mente, sino que también cambiará automáticamente la forma en que te relacionas con los altibajos de la vida. la ley de causa y efecto es omnipresente en este universo de mente y materia. ser generoso de una manera equilibrada aporta buenos resultados, pero no se sabe cuándo madurarán los frutos de tus buenas acciones. si te dedicas a cultivar la paz interior, es esencial que comprendas que la amabilidad que des a los demás apoyará fundamentalmente tu claridad y paz interior.

cuidado con llevar las cosas al extremo. muchos tenemos la tendencia a llevar las ideas al extremo en el que nos hacen actuar de forma desequilibrada y limitan nuestro pensamiento. deja espacio en tu mente para puntos de vista matizados y perspectivas diferentes. Comprende que las soluciones que funcionaron en un área pueden no funcionar en otra. la vida es muy circunstancial, lo que significa que cada circunstancia tendrá una serie de condiciones diferentes que exigirán enfoques únicos. una solución única no sirve para todos. tu camino intermedio no se parecerá al camino intermedio de otra persona. una buena idea seguirá siendo buena solo si se aplica de forma equilibrada. el equilibrio es una de las claves para vivir una buena vida.

yung pueblo

deja de pensar que las cosas mejores solo llegan
cuando actúas de forma impecable

deshazte de los plazos estrictos
para alcanzar tus metas

di no cuando la negatividad trate de arrebatarte tu poder

los que triunfan son los que aceptan que el viaje es largo y siguen
 adelante
incluso cuando las cosas se ponen difíciles

el camino a seguir

un eón de dolor
dolor acumulado a lo largo de los siglos
un ancestral sentimiento de pérdida

la lucha ha continuado
dentro de ti
el tiempo suficiente

la luz de la aceptación
calma la agitación
y abre la puerta a soltar

lo que sentías antes
no siempre se irá en silencio

a veces el pasado clamará
a través de tus sensaciones
mientras cortas la raíz
de lo que sostuviste durante demasiado tiempo

(silencio)

7 valores intemporales:

compasión
amor propio
curiosidad
equilibrio
humildad
crecimiento
bondad

la sanación es el proceso de eliminar las restricciones para activar la transformación personal. soltar es, literalmente, liberar viejas partes de nosotros mismos. una dificultad con la que nos encontramos muchos de nosotros en nuestro viaje interior es ser capaces de liberarnos de nuestro apego a lo que solíamos ser. nuestra forma de ver el mundo, nuestras preferencias, nuestros gustos y aversiones, y muchas otras cosas, cambiarán y se transformarán a medida que nos alineemos con la expresión genuina de nuestra evolución interior.

a veces podemos sentirnos extraños cuando dejamos atrás las preferencias con las que estábamos familiarizados. incluso podemos sentirnos un poco perdidos cuando nos damos cuenta de que hemos dejado atrás nuestra antigua vida. en esos momentos, ayuda recordarnos a nosotros mismos que está bien tener nuevos favoritos, nuevas formas de expresarnos, nuevos amigos y nuevas aspiraciones. para abrazar plenamente el crecimiento, debemos estar dispuestos a aventurarnos a lo desconocido.

9 elementos esenciales para tener relaciones maduras:

comparten el liderazgo
se comunican con frecuencia
se dicen la verdad
hacen un trabajo de sanación personal
apoyan mutuamente su felicidad
escuchan los puntos de vista del otro
dicen cuándo se sienten mal
tienen sus propios intereses y amigos
hacen compromisos claros con el otro

le preguntaron,

"¿el tiempo te puede sanar?",

ella respondió,

"tú eres la clave de tu sanación, no el tiempo. el dolor, el trauma y los condicionamientos densos seguirán en tu mente, afectando tus emociones y tu comportamiento, hasta que mires hacia tu interior. lo que sana es el amor propio, soltar, la autoconciencia y la construcción de nuevos hábitos".

(intención)

yung pueblo

tu futuro necesita tu determinación

di sí a las cosas difíciles que te hacen mejorar

construye con diligencia los hábitos que te liberan

crea sin complejos una vida a tu medida

cada momento de esfuerzo aumenta tu vitalidad y te prepara para una existencia majestuosa

el camino a seguir

los mejores días de tu vida
no pueden pasar sin ti

vive con presencia

vive con determinación

son los amigos quienes te ayudan a reconectar
con tu misión y valores originales
quienes marcan una diferencia sustancial en tu vida

a veces basta una conversación
con alguien radicalmente auténtico
para reavivar tu fuego interior
y ayudarte a volver al camino correcto

el camino a seguir

tu relación con el cambio
definirá tu vida

si rechazas el cambio,
te costará

si lo aceptas,
te inspirará
a estar más presente
y vivir sin ataduras

encuentra una pareja que no solo quiera amarte bien, sino que también esté preparada emocionalmente para crear un hogar. la atracción natural es solo el principio; ambos saben que la salud de su relación está directamente relacionada con su crecimiento personal y la sanación de los patrones reactivos. internamente, ambos se sienten preparados para compartir el trabajo del amor y construir una cultura de comunicación serena. la forma en que ríen como uno solo y enfrentan las tormentas con gentileza les ayuda a cultivar un entorno enriquecedor. comprenden que cada uno de ustedes tiene su propia identidad que se mueve como un río, siempre cambiando, expandiéndose y evolucionando, pero la belleza de su amor reside en la elección de fluir juntos, lado a lado.

el ego actúa siempre que menosprecias a alguien, lo juzgas con dureza y lo consideras un ser tóxico sin remedio o demasiado débil para redimirse. el ego es increíblemente astuto; puedes hacer mucho trabajo interior y llegar a un lugar mejor y, aun así, tener momentos en los que el ego distorsiona tu lógica y nubla lo que ves.

el uso excesivo de las palabras "tóxico" y "narcisista" muestra no solo que hay una falta de compasión en la forma en que tratamos a los demás, sino también que se está poniendo de moda esperar que los demás no cometan ningún error.

es evidente que hay personas que han causado daño, pero debemos asegurarnos de encontrar un punto medio saludable en el que creemos espacios seguros para nosotros mismos sin esperar la perfección de todas las personas con las que nos encontramos.

sabes por experiencia lo fácil que es cometer un error o ser malinterpretado por otra persona. la percepción es con frecuencia poco fiable, asombrosamente confusa y depende de la historia emocional personal.

el reto es elevar tu transformación personal hasta un punto en el que puedas utilizar límites para crear un espacio en el que florecer, sin dejar que tu ego desprecie a las personas o las cosas para inflarse.

soltar te exigirá más:

más honestidad
más conciencia de ti mismo
más aceptación al cambio
más tiempo para sanar viejas heridas
más tiempo para cuidarte
más tiempo para escuchar tu intuición
más aceptación de todas las emociones
más conciencia del momento presente
más reprogramación del inconsciente

el camino a seguir

no todo el mundo entenderá
que has cambiado

que la sanación era necesaria y real

algunos pueden seguir viéndote como eras antes

y está bien

no pueden definirte

tu transformación te enseñó
a no dejar que tu espíritu se vea disminuido
por los demás

tu sanación crea ondas que son percibidas consciente e inconscientemente por los demás. la vibración o energía que emites se desplaza hacia el exterior e influye en tu entorno y en los que están en él. los demás pueden percibir tu paz y los invita a permanecer en sintonía con la paz que ya llevan dentro.

tu sentido del equilibrio en los momentos difíciles no solo es un pilar en el que otros pueden apoyarse, sino que les demuestra que ellos también pueden mantener la calma durante una tormenta. a veces, la gente puede incluso decirte: "se siente muy bien y tranquilizador estar cerca de ti".

lo que sentimos en nuestro interior funciona como una invitación a que los demás se unan a nosotros y sientan lo mismo, ya sean emociones densas y pesadas o ligeras y amorosas. cuando alguien cercano a ti se enfada, es fácil que esa ira coincida con la tuya porque las heridas del pasado permanecen en lo más profundo de tu inconsciente y se activan fácilmente y emergen a la superficie.

una poderosa señal de madurez es la capacidad de habitar en el estado mental de tu elección, aun cuando otros llenen tu espacio compartido de negatividad. ser capaz de vivir dentro de la energía de tu elección es una señal de gran desarrollo emocional.

cuando eliges la paz, apoyas la paz en los demás.

el camino a seguir

no rebajes más los valores básicos
ni toleres el maltrato

dedica tu tiempo a personas
que te revitalicen y que estén preparadas
emocionalmente para una conexión profunda

3 maneras de mantener tu energía fuerte mientras avanzas:

1. apoya tu paz al no estar ocupado en exceso. dedica tu tiempo a lo que más te importa y despréndete repetidamente del resto.

2. siéntete bien por decir que no con frecuencia, para que te enfoques en lo que quieres lograr en verdad. si no coincide con tu intuición, no es para ti.

3. no permitas que las turbulencias emocionales de los demás te impidan mantener tu estado de ánimo como deseas.

la sabiduría tiene una cualidad atemporal. a lo largo de la historia, cuando la gente ha buscado la sabiduría, verdades similares han aparecido una y otra vez. estas son las lecciones que debemos aprender si queremos conocer la verdadera libertad. no puedes conocer la paz sin abrazar plenamente el cambio. no puedes sentir el amor más profundo sin desprenderte del ego. no puedes disfrutar plenamente del manantial de la felicidad sin intentar comprender las profundidades del sufrimiento.

la distracción forma parte del viaje
es increíblemente fácil
desviarte del camino
que consume demasiado de tu tiempo
y pierdes de vista
los objetivos iniciales que animaron tu espíritu

el glamour puede ser irresistible
estar ocupado puede nublar la vista
demasiado placer puede dejarte aburrido

y mientras una agitación silenciosa
comienza a construir

el malestar que sientes
te aleja de tus objetivos

pero como has declarado tu propósito
dentro de las paredes de tu corazón
no podrás alejarte demasiado
de tu aspiración mayor

el camino más alto
comenzará a llamarte
la luz que empezaba a apagarse
volverá a brillar

cuando empieces a verte a ti mismo con claridad
tus decisiones se alinearán con lo que es mejor
y redescubrirás tu verdadero camino a seguir

el camino a seguir

sabes que la sanación es real cuando encuentras más alegría en lugares inesperados. cuando el viento acaricia tu rostro con suavidad y no puedes evitar sonreír. cuando miras a los ojos de un amigo y sabes que la conexión que comparten se ha hecho más profunda. cuando sientes la fuerza de haber superado tanto y la ligereza de no llevar ya tantas cargas del pasado. la vida misma tiene un brillo radiante al que puedes acceder con facilidad. no solo estás sintonizado con la alegría ilimitada del universo, sino que puedes fluir en un camino que te lleva a un mayor éxito interior y exterior.

los humanos estamos hechos para la redención
nacemos en la imperfección
y la vivimos todos los días

pero así como podemos cometer errores,
también podemos aprender

con suficiente convicción,
podemos comprender dónde nos equivocamos,
romper con el pasado,
y aprender formas mejores
y más amables
de existir

sobre el cambio y la libertad

el poder de la temporalidad está muy subestimado y es fácil ignorarlo. comprendemos a nivel intelectual que todo se rige fundamentalmente por la ley del cambio, pero cuando la vida nos lanza sus desafíos o cuando llegamos a un momento de nuestra vida que anhelamos profundamente que perdure, la verdad del cambio cae en las sombras del olvido. el cambio es tan predominante en la estructura de la realidad que no tenerlo presente se traducirá de forma inevitable en insatisfacción, estrés e incluso sufrimiento.

el mayor adversario del ego es el cambio, porque el ego surge del ansia de sobrevivir, lo que significa que intentará controlar y mantener las cosas iguales. puesto que la realidad es un río en movimiento, nuestro florecimiento interior y exterior depende de que abracemos a profundidad el cambio. si el ego busca la supervivencia, la aceptación del cambio tiende a la libertad.

el ego anhela una existencia estática porque cree que es el único camino hacia la seguridad, pero la mayor seguridad que podemos cultivar es la liberación de apegos que proviene de nuestra aceptación del cambio. una mente menos apegada puede amar con más profundidad y de forma más completa que una mente anclada en la densidad del ansia de que las cosas permanezcan iguales. cuanto más profundo recorras el camino de la aceptación del cambio, más fácil te resultará liberar el amor por ti mismo y por todos los seres.

comprender que el apego del ego existe en contradicción con el movimiento fluido y abierto de la realidad es en verdad una invitación a cultivar la conciencia del momento presente que nos permite vivir en armonía con la naturaleza. solo en el momento presente podemos elevar nuestra comprensión intelectual del cambio a la experiencia directa del cambio, cada vez más gratificante.

continúa

continúa

la aceptación del cambio no solo abre la puerta a la paz interior, también da la bienvenida a percepciones más profundas que, a fin de cuentas, conducen a la liberación. liberarse del estrés y la tensión que vienen con el apego es un camino difícil y largo, pero uno que vale la pena recorrer. a medida que das pasos en el camino, la verdad del cambio no solo elevará tu capacidad de amar, sino que también hará que te sea más fácil profundizar en tu conexión contigo mismo y con los demás. el cambio implorará que desarrolles una identidad dinámica, en la que te permitas desprenderte de viejas partes de ti para poder evolucionar.

a niveles aún más elevados, el cambio expondrá la cualidad insustancial del ego al revelar que todo lo que hay en ti es el movimiento mismo. a medida que disminuye la rigidez del ego, se crea más espacio para el amor y la buena voluntad. algunos se preguntarán, ¿qué ocurre si no hay ego? ¿cómo viviremos? nuestro marco mental se estructurará en torno a la compasión por nosotros mismos y por los demás; nuestras motivaciones surgirán de un desinterés equilibrado. en la vida cotidiana funcionarás como una versión más expansiva y más desinteresada de ti mismo.

la paz no es:

tener una vida sin problemas
o que todo suceda como tú quieres

la paz es:

tener la sabiduría necesaria para afrontar el cambio
sin estrés; es tener una mente equilibrada
en medio de los altibajos de la vida

conforme avanza el tiempo, el mundo seguirá cambiando de formas pequeñas y grandes. este reino terrenal se mueve entre la calma y las tormentas. si el gran mundo es tan inestable e incontrolable, ¿cómo sigues adelante?

la única opción real es alinearte con las virtudes que apoyan tu paz interior: vivir tu verdad, ser honesto, tratar a los demás con amabilidad y respeto, ser generoso y decir sí solo a lo que es realista para ti.

sobre todas las cosas, mantente en comunión con tu intuición. deja que te guíe aun cuando el camino a seguir no esté claro. caminar por esta tierra con suavidad, sin intención de dañar a los demás, atraerá amabilidad a cambio.

no esperes que los demás siempre te devuelvan la amabilidad que les muestras. a veces lo harán, pero la amabilidad que das también puede regresar a ti a través de personas nuevas e inesperadas. no des para recibir. da para que los demás puedan vivir con más vitalidad.

deja que tus nobles acciones creen un camino de paz por el que caminar. sin duda, habrá momentos en los que las cosas se pongan difíciles. entonces, no te alejes de las cualidades que te han ayudado a llevar una buena vida. es más posible que los celos, la ira, el odio y el rencor aparezcan en tiempos difíciles, pero vivir de estas emociones no puede darte seguridad ni paz.

el camino a seguir

cada vez que alguien
se ama mejor a sí mismo,
construye su autoconciencia,
comprende sus patrones,
mejora su capacidad de comunicación
y expande su compasión por los demás,
el futuro de la humanidad se hace más brillante.
tu sanación impacta en el mundo
trayendo una nueva paz.

da como tierra
sé flexible como el agua
protégete como el fuego
sé ilimitado como el aire

el camino a seguir

¿y ahora a dónde vamos? hacia delante. el único camino es hacia delante. este viaje ha sido largo para ambos. cuando empezó, éramos personas totalmente diferentes. estábamos llenos de dolor, estábamos confundidos, estábamos agotados de estar en lo que parecía un bucle interminable de tristeza. en algún momento nos dimos cuenta de que la vida podía ser mejor, de que no tenía por qué ser tan dura y de que tenía que haber una forma más sana de relacionarse con los altibajos. buscamos y encontramos nuestros caminos; hallamos nuestras propias formas de hacer el trabajo. utilizamos nuestro esfuerzo para empezar a romper viejos esquemas, para ver las cosas de otra manera y para dejar por fin en paz el pasado que arrastrábamos inconscientemente. Ahora sabemos que la sanación es posible, que el cambio no solo se produce a nuestro alrededor, sino también en nuestro interior. nos sentimos renovados, completos, pero aún lejos de la perfección. si queremos seguir avanzando, y debemos hacerlo porque es la única opción real que tenemos, debemos dejar de presionarnos para ser perfectos y centrarnos simplemente en poner un pie delante del otro; paso a paso lo conseguiremos. el lugar de nuestras metas, la sensación de hogar, la sensación de éxito que podemos darnos solo con la aceptación plena de quienes somos. el mundo seguirá cambiando, todo seguirá cambiando, nosotros seguiremos cambiando. pero tendremos nuestras lecciones, nuestros recuerdos, nuestra paz y este creciente sentimiento de amor por nosotros mismos y por todos los seres para ayudarnos a guiarnos. tú y yo necesitamos recordar que el objetivo de todo este trabajo no era escapar de la vida o evitar que las dificultades volvieran a ocurrir; en realidad era lo contrario: nos enseñamos a sentir de nuevo para poder abrazar la vida. no importa lo dulce, dura o temporal que pueda ser, prometámonos sentirlo todo y recordar lo efímero que es todo en realidad.

te mando todo mi amor

Esta obra se terminó de imprimir
en el mes de mayo de 2025,
en los talleres de Litográfica Ingramex S.A. de C.V.,
Ciudad de México.